介護漂流

認知症事故と支えきれない家族

山口道宏【編著】
YAMAGUCHI Michihiro

現代書館

序　「在宅介護」が哭いている

「在宅介護」で家族は倒れられない。だからこそ介護者のケアが急がれる、と一部の専門家はいう。しかし、共倒れを防いで家族介護に依拠しつづけることで問題は解決するのだろうか。「在宅」の介護力が不十分なので「病院から家に（家族がいないから）帰れない」ケースがある。そもそも国が掲げる「施設・病院から在宅へ」とは、「在宅は安あがり」を本音に、一方で「誰だってうちに帰りたいでしょ」という二面性を内包している。

地方病院でリハビリを担当する理学療法士のひとりは、こう語るのだ。

「介護保険の限界という言葉は財源不足で使われることがあるけれど、私は帰りたいけど帰れない高齢者が多数存在すること自体が、制度の限界なのではないかと感じています。家族の介護負担軽減を目的に介護施設で預かり機能を持つことは、とても意義あることと思うけれど、家族にとっては要介護者が家にいないことの安堵を知り、再び在宅へ受け入れようという気持ちに傾かないことも。要介護者自身も入所期間が長くなればなるほど、家族にも迷惑をかけずに済むからという理由で、帰りたいけど帰らなくてもいいと……」

ひとが老いて介護が必要になったとき、その求めに応じ「在宅」と「施設」を行ったり来たりできる条件はなく、そこに「迷惑をかけたくない」という気持ちから生じる気兼ね、萎縮、遠慮があったなら、それは明らかに高齢者福祉施策の不具合を意味する。

同時に、福祉を本来は必要としているのに、そのサービスにたどり着けない無縁介護では、少子高齢化、単身化、貧困、孤立を背景にもつ、我が国特有の「無縁社会」の存在があった。

ひとが年をとることは罪なのか、必要とする家族がいなければ孤立するしかないのか、東京二三区のひとり暮らし高齢者の八割が「介護保険を利用していない」。うち六割は本来的には介護が必要なケースだという。また年金一〇〇万円以下のひとり暮らし世帯の半数は生活保護受給並みの生活水準だから「介護に回す金などない」ことは当然で、それどころか年金の減額が進行して、いまや老後破産は現実のものとなっている。

単刀直入にいおう。

ひとが老いを迎えて社会的に孤立したとき、誰もが「介護難民」や「孤独死」になるしか道は残らないのか。「介護の社会化」というかけ声がほとほと空々しい。

「親の介護で、とうとう長年勤めた会社を辞めました」(家族介護　少子高齢化　介護離職)

「ショートステイの繰り返しとデイケアで、といわれてもね」(「サービスの組み合わせ」　在宅ケ

アプラン）
「特養（特別養護老人ホーム）の入居待機もはや三年、家での介護もいよいよ限界です」（「入りたいけど入れない」　在宅主義の二面性　入居待機）
「家族といってもうちは老老介護、夫が先か、私が先か」（「二人だから大丈夫」？　少子高齢化　老老介護）
「お金がかかる、在宅だって。利用料の自己負担一割はきつい、年金暮らしだから。有料老人ホームなんて夢のまた夢」（「老いも金しだいでしょうか」　自己負担　老後貧困）
「地域でというけれど、あなた、いきなりご近所に助けてっていえますか」（ＳＯＳ　無縁社会　見守り）
「仕事は好き。働きたいけど、結婚できない、この給料では」（離職率　介護労働）

右の（　）内は、その事態に陥るキーワードといっていい。

「施設」で、「在宅」で、ひとがいない、家族がいない。家族がいても長丁場になれば共倒れの不安もある。さらにお金がない。地域がない。我が国の現場がいかに介護レス状態なのかを語っている。ひと、もの、金が、必要なところに行きわたっていない。介護に年金や税金や手当による配慮があるわけでもないから、あとは野となれ山となれの様相を、故・一番ケ瀬康子は「（介護）

保険あってサービスなし」と早々と予見していた。

「高齢者四人に一人は要介護者になる」と東京都が発表した(二〇一五年四月二日付朝日新聞)。「団塊の世代」(昭和二二年〜二四年生まれ)が七五歳以上になる二〇二五年には都内の高齢者(六五歳以上)の四人に一人(三一五万人うち七七万人)は要介護者となり、介護職員が三万六千人不足すると伝える。

「いつ(虐待の)加害者になるか分からない」と、「在宅」で介護を担うある家族がポロリと胸の内を吐露した。「うちは認知症家族だから」と積極的にいえる人も多くはない。こうして気がつかないうちに「自己責任」にとりこまれて、介護家庭は社会的に孤立していく。なんとも気が滅入る社会システムである。

近年、介護及び周辺では、中学校区を単位に医療と介護を統合するという「地域包括ケア」への関心が高いが、一方で「川上から川下へ」という気がかりな言葉も現場周辺で耳にする。「川上」が医療で、「川下」が介護である。限りなく医療から介護へと移しかえていく。つまり高齢者が病気になったら、医療ではなく介護の世界へと誘導するのだ。

施設介護は二四時間だが「うち」ではそうはいかない。家族の支えも限界で、うろたえるばかりだ。現在ですら要介護のときの生活は、施設・病院が二割、自宅が八割である。これ以上「在宅」に何を背負わせようというのか。医師の仕事を看護師が、看護師の仕事を介護士に、介護士の仕事を家族に——そこには、規制緩和という名の、公から私への丸投げ体質が顔をのぞかせている。しきりに「これからは自助、共助、公助で。共助はボランティアで」という。「在宅介護」が哭いている。

ひとり暮らしで身元引受人がいない。「自宅で」と病院をほっぽり出されて行くあてはない。施設も保証人がいないと入れない。家族がいたとて、思いのほか孤立している人もいる。

「在宅での介護が現実となった時、誰が面倒をみるのかが家族で話し合われる。その時、介護者として真っ先に指さされる可能性が高いのは、他に家族を持たない独身者であろう。介護独身とは超高齢化社会の流れと晩婚化・非婚化の流れが出あった場所で生まれた、止められない渦なのだ」（『ルポ　介護独身』山村基毅、新潮新書、二〇一四年）

「在宅」が声高に叫ばれて久しいが、我が国の少子高齢化は同時に単身化時代を迎えていた。厚生労働省（以下、厚労省）も、もうすぐ「（我が国の）男性三人に一人、女性四人に一人が生涯独身」と予測する。

家族そのものがない世帯が増えてくる時代に「在宅で老いる」とは何を意味するのか。

「在宅介護」は何を目指すのか、「在宅介護」の条件とは何か。

深刻な「在宅介護」の現場では、周囲から取り残されたように、ふさぎこみ、肩を落とし、やりきれなく、シャクリあげる、そうした介護家族らの日常があった。
我が国の、福祉厚生行政が掲げる「在宅介護」の実効性が問われている。
明日は我が身か、高齢化の進行には容赦がない。

山口道宏

介護漂流

目次

1

名古屋認知症鉄道事故裁判

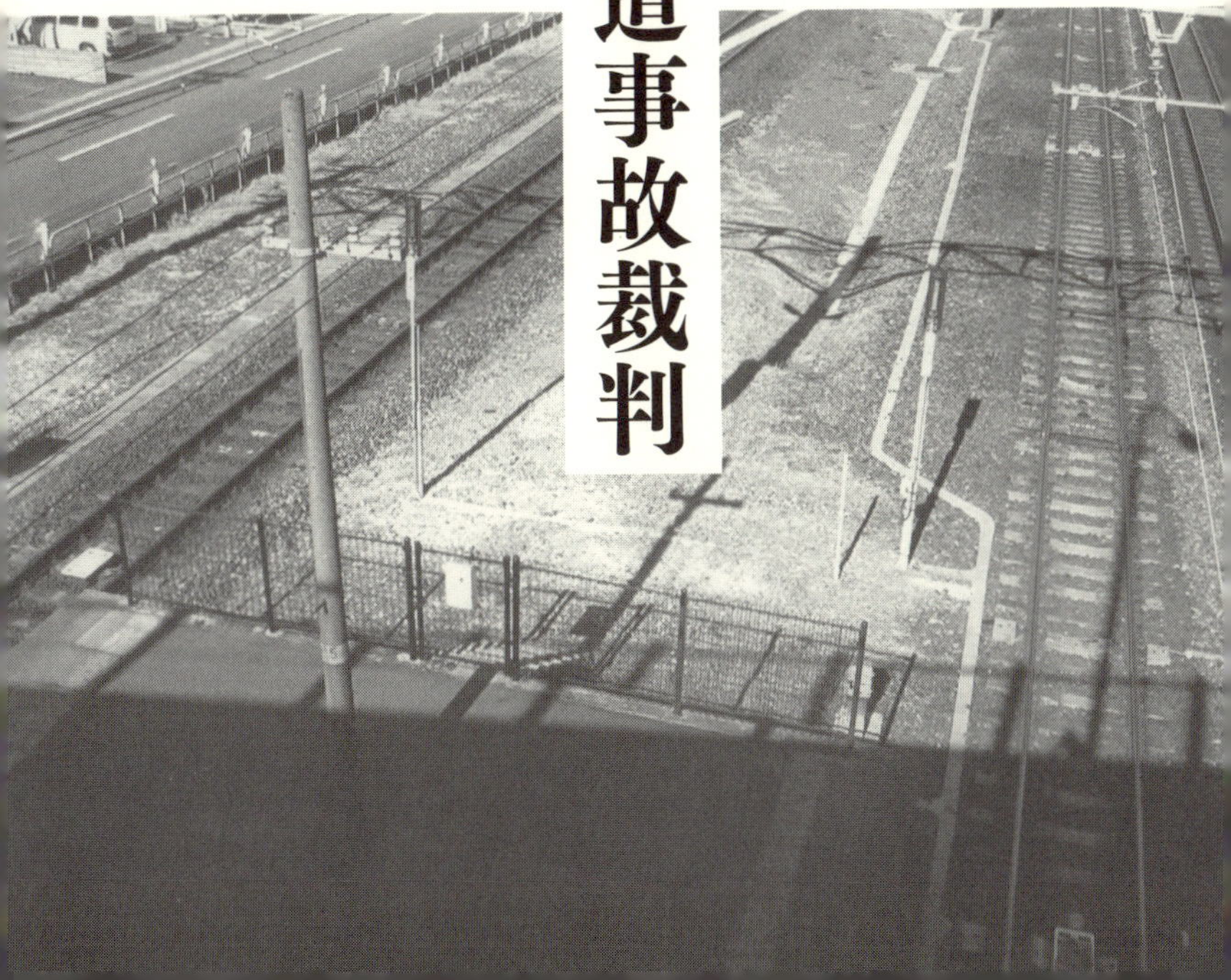

認知症ＪＲ鉄道事故訴訟に最高裁が初判断
家族責任なし　監督義務なし　ＪＲ逆転敗訴確定

「家族の賠償責任否定　認知症徘徊事故　監督義務なし　ＪＲ逆転敗訴　最高裁、初判断　公的な救済体制急務」（東京新聞）

「認知症事故　家族責任なし　「監督義務者でない」　最高裁初判断　ＪＲ逆転敗訴　被害救済社会で議論を」（読売新聞）

「認知症事故「家族に責任なし」　最高裁初判断　監督義務を限定　ＪＲ逆転敗訴確定　「介護の実態　総合考慮を」」（毎日新聞）

同判決の翌朝、各紙は一斉にこう報じた。

平成二八年三月一日。最高裁第三小法廷で、注目の裁判の結審があった。判決の要旨はおおよそ次のようだ。

・配偶者や長男だからといって無条件に監督義務者とはならない。

・監督義務者にあたるかどうかは、同居しているかどうか、財産管理への関与など、さまざまな事情を考慮して判断すべきである。
・事故当時八五歳で要介護の妻と、二〇年以上別居していた長男は、監督義務者にあたらず賠償責任は負わない。

争点は「誰が監督義務者か」（民法七一四条、同七五二条）であった。

本裁判では、介護家族の被告が監督義務者、あるいはそれに準ずる者であるかが問われた。いずれもそれを特定する目的は賠償責任である。前者は法定に依るが保護者や成年後見人というだけでは該当者とはいいきれず、後者は実態に即した関係性からなるがその判断に際しては多面な要素から「総合的に」考慮されるべきと説いた。その結果、本事案では妻も長男もそれら要件との照合から監督義務はないとし、監督が「可能で容易な場合」だけに監督義務者と判断できると限定した。

また、先の「総合的に」考慮すべき客観的な指標として、次の六点を挙げている。

①介護者自身の生活、心身の状況
②親族関係の有無や濃淡
③同居の有無や日常的な接触程度
④財産管理の関与状況
⑤認知症を有する本人自身の日常生活・問題行動の有無

である。

本判決は画期的なものであった。遺族が被告となった本判決には早くから多くの同情と期待の声が届いていた。

⑥介護の実態

本判決は、損害賠償をめぐり監督義務者は誰かという法解釈が争点であった。

そこで、残された課題がないわけではない。

・では「賠償責任」はどうなるのか。
・これが「介護施設で」「介護訪問先で」ならどうなるのか。
・これが「ひとり暮らし」ならどうなるのか。

争点は賠償リスク論に終始した。なぜなら家族の介護力に委ねるばかりの国策に法律論は立ち入らない。損害賠償の責任問題までが法の限界であろうか。「二四時間の見守りが必要な場合にどんな体制が可能か」「徘徊やそれに伴う事故への対策を社会全体で講じるべき内容とは」については語られていない。

そしてそのことは、判決にはない「……だから、これからは賠償を民間保険で」という一部の識者コメントになって伝えられた。介護家族であれば自動車、火災、傷害保険と同様、「特約」（保険）に加入するのが備えだと。結局は在宅で介護を担う家族に新たな「安心料」の負担を求めようというのだ。

献身的に介護をする人をさらに追いつめることにならないか。介護に関わること自体を敬遠する人が現れないか。果たしてほくそ笑むのは誰であろうか。

そもそも在宅介護中心の施策は国家的な課題に他ならない。

遺族を支援してきた高見国生「認知症の人と家族の会」代表は、裁判結果を喜ぶ一方で、今後も家族が賠償を求められる可能性があるとして「賠償金を全額公費で救済できるような制度を作ってほしいと訴えた」（二〇一六年三月二日付東京新聞）

「なぜ在宅介護なのか」「なぜ介護家族の負担が重いのか」である。

本判決では、要介護状態になった人とその介護者への支援といった、社会的な介護体制への視座となすべき方途への積極的な提言は持ちこされた。

ことの本質はＪＲと当該家族の個別の問題ではない。老いてなお確かな人権の保障と介護悲劇の歯止めへの法的見解が期待された。

判決を読んだ堀田力（元最高検察庁検事、さわやか福祉財団会長）の指摘が興味深い。

本件ではJRの被害だけでなく、人の命も失われている。仮にJRが損害賠償請求を受けたとしよう。責任があるのかというと、答えは「ない」だろう。鉄道や車の運転は人命を奪う危険もあるが、ルールに従った運転は危険が予測される特別な事情がない限り「許された危険」として法的責任はないからだ。一方、認知能力を欠く人の歩行には、被害、加害双方の危険があるが、よほど特別な場合以外は、家族にも成年後見人にも、外出させずに家に閉じ込める権限はない。出歩くなどの行動の自由は、憲法一三条が保障する基本的な人権だからだ。同行者を付けるのが望ましいが、常に義務づけるのは不可能だ。基本的人権を制限できる特別な場合とは、事故が発生する明白な危険性がある場合だろう。それ以外は、認知症の人の歩行も「許された危険」だ。従って、不幸にも事故が発生した時は自身の被害は自己責任であり、鉄道や車など相手方もその損害は自己負担が原則になる……（二〇一六年三月二日付読売新聞「論点スペシャル」）。

その堀田は、人命、人権、老いの尊厳から鉄道会社への社会的任務を求め「超高齢社会の現状に、法律や制度、社会慣行が適合していない事例が目立つ」と続けた。

また、判決翌日の「素粒子」（朝日新聞）は、こう書いている。

「そぞろ歩きと言い換えれば見守る目も温かくならぬか。お年寄りを閉じ込める社会は切ない。みな明日はわが身」（二〇一六年三月二日）

本事案は、監督責任について、一審では妻と長男にあり、二審では妻にありと断じたものの、最高裁で「（妻にも長男にも）賠償責任はない」と逆転した。

そのことは、介護を単に家族の扶養強化で片づけられない時代と気づかされる。核家族、少子高齢社会、単身化に顕著なように、我が国の家族形態の変化は大きい。それだけでも介護を家族に託すばかりが現実的ではない。いまも介護を家族主義に強いたなら、それが時代の逆行であることは、かつて国がすべき福祉事業を家族や企業に代行させていたことを想起したら分かりやすい。

国がすべきは、福祉は「家族から社会へ」の確かな移行である。本事案では現行の公的介護保険制度や成年後見制度の実効性の歯がゆさも露呈していた。介護が当たり前になった時代に、公的保障の広がりこそが急務である。

これは、単なる鉄道事故ではなかった。高齢社会到来に伴い、在宅介護を担う家族らに与える影響は大きく、その行方が注目されていた。

なぜ本事案が最高裁まで持ちこまれたのか。
なぜ介護家族が責められたのか。
なぜ遺族が被告になったのか。
その事故を振り返った。

徘徊事故 家族に責任なし

認知症 ＪＲ賠償請求に最高裁判決

監督義務「総合的に判断」

愛知県大府市で２００７年、認知症で徘徊《はいかい》中の男性（当時91）が列車にはねられて死亡した事故をめぐり、ＪＲ東海が家族に約７２０万円の損害賠償を求めた訴訟の上告審判決で、最高裁第三小法廷（岡部喜代子裁判長）は1日、介護する家族に賠償責任があるかは生活状況などを総合的に考慮して決めるべきだとする初めての判断を示した。

今回の訴訟の家族関係

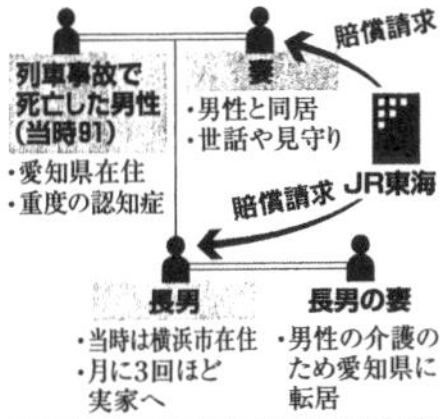

一審判決「妻と長男は約720万円支払え」
↓
二審判決「妻は約360万円支払え」
↓
最高裁判決「妻も長男も賠償責任なし」

2面＝監督どこまで
16面＝社説、17面＝耕論
37面＝判決要旨
39面＝家族の救いに

そのうえで今回、妻(93)と長男(65)は監督義務者にあたらず賠償責任はないと結論づけ、ＪＲ東海の敗訴が確定した。高齢化が進む中で介護や賠償のあり方に一定の影響を与えそうだ。

民法７１４条は、重い認知症の人のように責任能力がない人の賠償責任を「監督義務者」が負うと定めており、家族が義務者に当たるのかが争われた。ＪＲ東海は、男性と同居して介護を担っていた妻と、当時横浜市に住みながら男性の介護に関わってきた長男に賠償を求めた。

民法の別の規定は「夫婦には互いに協力する義務がある」とも定めるが、最高裁は「夫婦の扶助の義務は抽象的なものだ」として妻の監督義務を否定。長男についても監督義務者に当たる法的根拠はないとした。

一方で、日常生活での関わり方によっては、家族が「監督義務者に準じる立場」として責任を負う場合もあると指摘。生活状況や介護の実態などを総合的に考慮して判断すべきだ、との基準を初めて示した。今回にあてはめると、妻は当時85歳で要介護1の認定を受け、長男は横浜在住で20年近く同居していなかったことなどから「準じる立場」にも該当しないとした。

結論は5人の裁判官の全員一致。ただ、うち2人は長男は「監督義務者に準じる立場」に当たるが、義務を怠らなかったため責任は免れるとの意見を述べた。

ＪＲ東海は「最高裁の判断なので、真摯《しんし》に受け止める」とのコメントを出した。

（市川美亜子）

解説　社会で分かち合いを

最高裁の判決は、社会の高齢化が進み、「老老介護」などで家族が重い負担を強いられている現場の現状に即した判断といえる。

家族に賠償を命じた一、二審判決は、介護現場から「認知症の人の在宅介護を敬遠する人が増える」といった批判を浴びた。最高裁は「家族だから」という理由だけでは賠償責任を負わないと判断した。一方、介護を担う人の年齢や生活状況などによって賠償責任が認められる余地も残した。解釈の幅は広く、今後積み重ねられるであろう個別のケースに判断を委ねた形だ。

事故で損害を負うのは今回のような大企業だけでなく、個人の場合も想定される。誰もが直面し得る時代に、社会全体で負担を分かち合う仕組みづくりも急務だ。

（市川美亜子）

朝日新聞（2016年3月2日）

一審判決、家族に七二〇万円の支払い命令

妻がうとうとした、ほんの一瞬のことだった。

事故は平成一九年（二〇〇七年）一二月七日夕刻、JR東海道線共和駅（愛知県大府《おおぶ》市）で発生した。近所に住む九一歳男性が線路内に入り、列車にはねられた。

男性には認知症があり、普段は八五歳の妻と長男（横浜在住）の妻の二人で「在宅」での介護に当たっていた。男性の妻も高齢ゆえ、長男の妻（嫁）は夫を残し、介護が目的の介護移住だった。

同日午後四時半頃、男性はデイサービスから帰宅すると、いつものように妻や嫁とお茶を飲んだ。その後、嫁は片づけのため場を離れ、側にいた妻がまどろんだその時、男性は外出した。

三〇分後、嫁が男性の不在に気づき、近所を探すも男性の姿はなかった。

五時四七分頃、隣駅の共和駅で事故は発生し、男性は即死だった。

「構内死亡事故で二万七千人に影響　東海道線共和駅」と、事故翌日の地元紙はわずか二五〇字のベタ記事扱い。一二月の夕方、車内は帰宅を急ぐ乗客が六六〇人、混雑する快速電車は豊橋発米原行き。事故直後、警察は「自殺の可能性があるとみて身元を調べている」と伝えた。乗客

には怪我はなかった。上下三四本の運休・部分運休で最大二時間一分の遅れがあったという。

「（当該家族が）注意義務を怠ったから」と、ＪＲ東海が遺族に損害賠償を請求している。事故から六年後、男性の遺族は、裁判の被告になっていた。

一審の名古屋地裁では被告側に七二〇万円の支払い命令を下した。

同地裁（平成二五年八月）は、男性に責任能力はないとしながらも、妻に過失、長男に「法定監督義務や代理監督者に準ずる者」として賠償責任を求めたことから、家族への男性の「管理責任」が問われた。判旨によれば、家族の予見可能性への認識不足ということで、「ヘルパーなどサービスをもっと利用すべきだった」というが、「見守りヘルパー」などといったサービスは「介護保険制度」にはないから、判決は実状に疎いものだ。

事故当時、週六日のデイサービスを使いつつも、妻と嫁の二人がかりで、なんとか介護のある生活を続ける家族だった。

賠償を求められた長男は「家族でやれることはすべてやってきた」と肩を落とす。縛り付けておけというのか、閉じ込めておけというのか、一瞬も目を離さず行動を監視することなど不可能だと「家族の会」からも判決への怒りの声が寄せられた。

家族にどこまで「見守り責任」を求めるのか、「介護の社会化」といいつつも、一向に家族介護の負担は減らない現実があった。

一審　地裁　判決　平成二五年八月九日判決言渡
原告　東海旅客鉄道株式会社
被告　T（妻）H（長女）R（長男）M（二女）A（二男）

「妹は結婚し、姉は養女と、いずれも他家へ。母は高齢、弟はミュンヘン在住。JR東海からの支払い請求に戸惑った。JR東海は認知症であることの証明書を求めてきた。診断書を用意し送ったが、かかりつけ医は専門医でないといってきた……」（長男の陳述より）

一審訴え（JR側）の対象は、なんと妻と子ども四人全員（二男二女）だった。しかし、その子どもたちの誰も同居する者はなく、長女Hは養子として他家へ、その後結婚、市内在住。長男Rは横浜在住、その妻が義父の介護（本件）のため横浜を離れて別居五年、ただし夫の実家で同居はせず、近居より通う。二女Mは結婚、市内在住、介護福祉士で施設勤務のかたわら実家へはしばしば訪問。二男Aは世帯ごとドイツ在住だった。同判決では妻と長男の「責任」を問い、他の三人の子どもの「責任」は、さすがに棄却した。判決での「選択的請求」の〝その1〟では、「被告らは連帯して七一九万七七四〇円全額を支払え」というもの。〝その2〟では「妻が全体の半分を担い（三五九万八八七〇円）、あとは四人の子どもで均等割り（八九万九七一七円×四人）にして支払え」という。

陳述書　平成二三年八月一七日から
　事故当日「義父が亡くなった日のこと」　K（長男妻）

　平成一九年一二月七日、義父はいつものように午後四時半頃、〇〇（デイケア社名）の送迎車で帰宅しました。帰宅後、私と義母と三人で、事務所にて、ミカンを食べてお茶を飲みました。私は事務所と自宅を出たり入ったりしていました。その後、玄関先で義父が排尿してしまった段ボール箱を片づけていました。義父母は二人で事務所におり、義母は新聞を読んだり、テレビを見たりしていました。義父は、この頃にはテレビを見続けることができなくなっていたので、事務所のソファに座って外を行きかう通行人を見たり、ソファで目をつむってうとうとしていました。この頃、義父は〇〇から帰ると毎日のようにしばらくの間、目をつむってうとうとしていたのです。特に変わったこともない、いつも通りの普通の夕方のひと時を過ごしていました。ところが、夕方五時を少し過ぎたころだったと思いますが、私が段ボール箱の片付けを終えて事務所に戻ると、義父母がいませんでした。辺りを見ると、義母が事務所の外に立っており、聞くと、義母は「ふと気づくと義父がいなくなっていた」というのです。どういうふうに義父が出ていったかは分かりません。私も急いで辺りを見渡しましたが、義父の姿は見えませんでした。

……義母は義父の死に顔を見ることができませんでした。誠に無念だったと思います。義父の介護には大変な苦労がありました。確かにストレスがいっぱいでしたが、義父の人柄が分かっていたので続けてこれたと思います。義父は私に対して怒ることもなく小言を言うこともなく優しく接してくれました。ありがたいことでした。ひげそりを手伝うと「ありがとう」と言ってくれ、料理についても「おいしいおいしい」と召し上がってくれました。

遺族は、控訴した。

二審判決、同居の妻に三五九万円の支払い命令

「JR・認知症男性事故死　同居の妻には賠償責任　控訴審　長男への請求棄却」（二〇一四年

四月二五日付毎日新聞）

判決の主たる根拠は、こうだ。

夫婦の婚姻関係の信義則からも扶養義務を負う（民法七五二条）とし、身上監護の義務があったとして、妻にはその責任を求めた。同判決では、妻の「責任」を問い、長男の「責任」は不問とした。また賠償金は半額に減額するという「変更」をしている。

二審では、一審で争点となった「責任能力の有無」「事実上の監督者」「予見可能性」を、次のように論じている。

1「責任能力の有無」……Y（本人）の「責任能力」は「認められない」ときっぱり断言した。

2「事実上の監督者」……控訴人R（長男）は「事実上の監督者」に該当するのか。原判決では民法七一四条一項の法定監督者や同条二項の代理監督者と同視し「事実上の監督者」としたが、日常性がないことから、関係性を否定した。「家の改造や工夫は日曜大工に長けていた」（裁判記録）ので行っていたにすぎず、横浜在住、月三回の週末程度の訪問では保護監督はできない。認知症発症後の財産管理はすべて控訴人T（妻）が行っていた（財産管理は誰がやっていたか不明で「遺族代表」の長男とみるが妥当、万事を取り仕切っていたと考えるが合理的、とJR側は主張していた）。

介護体制については親族が顔を合わせた機会に相談して決めたので、Rが「主催」したものではない。またKは長男の嫁として介護に当たっていたにすぎず、Rは介護に当たるKに助言をしていることもない。よってRは「中心的役割」でない。

3「予見可能性」……結果発生の具体的な予見可能性があったのか。控訴人らは事務所硝子戸から出て自宅兼事務所のすぐ前の歩道から遠方に行くこと、また金銭も携帯せず切符の買い方も列車の乗り方も分からなくなって久しいことから、改札口を突破し駅のホームにいたるなど考えてもいなかった。予見可能性からくる監督義務違反は「誤りである」と。過去二回行方不明になったが線路内や他人の敷地内侵入などなかった（JR側は、過去二回の徘徊実績もあるからYが単独で外出すれば積極的にせよ消極的にせよ他者に危害を加えることは容易に予見可能だ。人感センサーをオフにしていたことも問題。GPSもあるし、ホームヘルパー〔訪問介護員〕に「日常生活上の世話」を依頼すればよかった。よって民法七〇九条による過失がある、と主張していた）。公道に飛び出したり、デイサービスで粗暴も一切ない。見当識障害があっても戻れる状態だった。

二審での「裁判長言渡」から、先の三点に関連する箇所を引いてみよう。

①「在宅でも施設でも、厳密な意味で要介護者から常に目を離さないことは不可能であるから」

②「控訴人R（長男）は、Y（本人）が単独で外出することを予見できなかった」

③「事務所硝子戸のチャイムのスイッチを入れておくべき法的義務はなかった」

④「……ホームヘルパーは、入浴、食事、排泄介助等の特定の目的のために、一定の時間に限って利用できるものにすぎず、一分の隙もなく認知症患者を監視するために利用するものではないし、そのようなサービスを提供する事業者は存在しない。（略）ホームヘルパーを利用したりしていなかったことに問題はない」

⑤「外に出ることができない環境に置くことは違法な拘束に当たり、許されないばかりか、認知症患者の苛立ちやパニックを生じさせ危険であり、病状の進行や介護者との信頼関係の破壊の原因となる」

⑥「（控訴人T・妻は）当時八五歳であり、要介護1の認定を受けていて身体にも不自由があり、夜間にYが何度も起きるために夜間断続的にしか睡眠をとることができなかった……」

⑦「目を離さずに見守ることなど義務でない」「Yは遠方に出掛けようとするときは必ず控訴人TやK（嫁）に声をかけていたし（略）人感センサーで気づくようにしていた」

つまり、二審判決では一審判決を以下のように「変更した」ことになる。

①介護状態の理解をもとに、本件を介護者の「責任」に依拠できないと指摘することで、即ち一審判決の前提が崩れた。

②そもそも長男Rは横浜在住で事態の予測など求められようはずがない。
③「法的義務」
④一審では被告M（二女）の訪問頻度を増やすこと、またホームヘルパーを利用しなかったことを問題にしたが、それと外出防止は繋がらないと断言した（Kによれば本件事故の起きる二～三年前にホームヘルパーを頼んだことがあった。Kが横浜に帰宅する際に夕方の家事を三〇分。しかしYが抵抗したので「やめた」）。ただし、Yはデイには通った。週六回の九時～一六時は介護保険限度額いっぱいの利用である。さらにヘルパーを入れたなら保険の「適用外」で、すべて自己負担になることにも。現行の公的介護保険制度の限界、よって現状の介護サービスの使い勝手の悪さも伝わる。
⑤「だったら縛り付けておけというのか」。一審判決では「閉じ込めておけ」となることから、在宅での介護者の不安は倍加した。長寿時代と認知症、核家族と在宅主義など、介護負担軽減への理解とはおよそ縁遠い。
⑥「八五歳の控訴人Tが最大で六、七分程度まどろんだからといって過失があったとはいえない」。当時、要介護1は自分のことで精一杯かもしれないと。二審は事故発生から七年、このとき九一歳になる「妻」であった。
⑦むしろ、一審にはなかった当該のＪＲ駅側に対し、二審は「安全確保義務違反」を指摘した。

ところで、Yの経過、そして妻と長男の関わりはこうだ。

・平成一四年一〇月　夫Y　アルツハイマー型認知症発症
・同一九年二月　夫Y　要介護4
・同一四年三月「家族会議」ののち、横浜市から長男の妻Kが義父母の住む大府市内へ単身転居、以来Kが毎日通う。三日に一度は散歩にも出ていた。夜間、義父の眠りを確認し帰宅する。一方、長男は週末を使い、一カ月に三回ほど訪問して家屋修繕など日曜大工を行う。「妻にはいつも頭が下がる」と感謝。また近くに住む長男の妹Mは仕事が介護専門職であることから訪問と助言を繰り返していた。
・妻T　平成一八年一月　要介護1

Yはデイに通所の日は、朝七時頃、長男の妻Kに起こされ、着替え、食事をしたあと迎えの車にて出かけている。夕方、自宅に戻ると、Kの用意したおやつなどを食べ居眠りをし、時々Kの付き添いで散歩を。のちにKの準備した夕食をとり、入浴後に就寝するという毎日を送っていた。

夫婦は昭和二〇年結婚、七〇年連れ添ってきた。

そして夫の事故死から六年が経ち、当時八五歳の妻Tも、夫の享年と同じ九一歳を迎えていた。

二審は、その妻の「責任」を、一審同様に依然問うたままでいる。

「沢山の方々に迷惑をかけたからと父の葬儀を密葬とした。父の墓前に（JR東海は）線香・本あげにきていません」（長男の発言〔裁判記録より〕）

「……父にとっては、永年住み慣れた自宅で、家族の介護のもと、地域との交わりの中で暮らしていくのが最も落ち着いて安心に暮らす方法であり、人間らしく、最善の生活を送る方法でした。父にとっては特養に入所するより無意識のうちに行動できる住み慣れた自宅や地域において、母やKさんに介護してもらう方が何倍も幸せで、個人の尊厳が保持されたと思います」

遺族のひとり、介護福祉士でもある二女のMは、事後談でそう語った（陳述書）。

線路に降りたとされるホーム端の無施錠だった「扉」には、いまは真新しいチェーンが巻きつけられている。


一連の判決は、国の掲げる「自助、共助、公助」にも空虚な響きを与えた。

このままでは在宅主義を唱える国策も泣いている。訴訟には被告原告とも国へ上告している。

事案は最高裁に委ねられた。

問題の所在は、公的介護保険の限界性と人権問題にあった。

関係者は口をそろえて「では、どうしたらいいのか」を裁判官に問いかけたいと語る。

事態への対応策として、十分な公的支援サービスの提供と公的補償制度の創設が急がれた。「法曹は高齢化や認知症などについて司法修習段階でのしっかりした勉強が必要だ」とは、本件を知ったある判事OBである。

二〇一二年度時点で、我が国の認知症患者数は四六〇万人を超えた（二〇一五年一月厚労省発表）。「オレンジプラン」（二〇一二年に厚労省が策定した認知症施策推進五ケ年計画、二〇一五年一月には「新オレンジプラン」を発表）では二〇一七年には認知症患者の半数が在宅介護を受け、残る半数が特別養護老人ホーム（以下、特養）や介護老人保健施設（以下、老健）など介護施設、もしくは介護型有料老人ホーム、医療機関と予測した。認知症を理由に老人ホームの退居を求められることがある。「帰れない認知症高齢者」は精神科への入院も受け皿のひとつである。二〇一二年時点で五万人を超え、一〇年で二倍といわれる（ＮＨＫ調べ）。

家族を責めるのではなく、社会的救済を

「家族の会」は、二審に対して次の見解を発表している。

再び下された非情な判決は時代錯誤　家族を責めず社会的救済制度をこそ提起すべき　認知症列車事故・名古屋高裁判決に対する見解

二〇一四年五月一四日　公益社団法人 認知症の人と家族の会

四月二四日、名古屋高裁は、昨夏の同地裁一審判決に続き、再び介護家族に責任があるとする判決を下しました。一審判決と比べて、長男が外されて妻だけの責任となり、賠償額が半分の三五九万円になったとしても、「徘徊を防がずＪＲに損害を与えたのは家族の責任」と断じた一審判決と、本質はなんら変わっていません。家族にとっては、裁判所が認知症の人と介護の実態に目をつぶり、二度にわたって家族を責めたと感じる非情な判決です。「家族の会」は、昨年一二月に、「認知症の人の徘徊は防ぎきれない、家族に責任を押し付けた一審判決は取り消すべき」とする見解を発表し、それは遺族側の弁護士を通じて裁判所に書証提出もされていました。

また、日本神経学会、神経治療学会、認知症学会、老年医学会、老年精神医学会が連名で「地裁の判決は介護の現状にそぐわない内容」と批判する声明を出していました。さらに一審判決を報じた報道内容も、そこに出てくる識者の意見も、「家族に酷な判決」という論調がほとんどでした。

今年三月、厚労省は、特別養護老人ホームの入所待機者数をそれまでの四〇万人から五二万人に修正しました。そのうえ、入所は原則要介護3以上にされようとしています。在宅介護の困難さはいっそう大きくなっているのです。

このような状況下で今回の高裁判決は一審に続く時代錯誤と言わなければなりません。高裁は、家族を責めるのではなく、一審判決を破棄し、このような場合の社会的救済制度の検討をこそ提起するべきであったのです。認知症の人の徘徊による事故とそこから発生する第三者の損害の救済について、「家族の会」は次のように考え、社会としての取り組みが進むことをあらためて強く求めるものです。

認知症の人の徘徊を家族が防ぎきれないのと同じように、鉄道会社も認知症の人が軌道内に立ち入ることは完全には防ぎきれない。事故は起こりうるし、誰もが、またどの鉄道会社もが当事者になる可能性がある。事故発生時の損害については、当事者どうしの責任にするのでなく、社会的に救済する制度を設けるべきである。その制度を設けるために、国が主導し早急に検討を始めるべきである。

そのことともに、認知症の人の徘徊事故を減らすためには、鉄道会社を含む関係者と地域における認知症への理解や見守り活動を進める取組みが重要であり、安心して介護が出来る介護保険制度の充実と使いやすさを進めることもまた大切です。「家族の会」はそれらの課題に今後も積極的に取組んでいきます。

追記　この見解の発表直前に、ＪＲ東海は判決を不服として上告すると発表しました。認知症の人の徘徊による事故について社会的に対策を検討するべきときであるのに、自社の損害額のみに拘泥する態度は社会的責任を自覚していないと言わざるをえません。

以上

「ある入所施設で、毎朝八時半になると移動式トイレに手を突っ込みかき回す女性がいた。スタッフは家族に女性の生い立ちを尋ねた。苦労が多く、小さいころから弟妹のために台所に立っていたと聞いて、気づいた。女性には移動式トイレが釜に見えていたのだ。朝が来たら米をとぐ女性の往年を思った。とても働き者だったのだろう」（二〇〇八年一月一六日付毎日新聞、磯崎由美、「確かな記憶」）

認知症の人は増えつづけている。全国六五歳以上の高齢者二八七四万人のうち認知症有病率推計値は一五％、認知症有病者数は約四三九万人とされている。またＭＣＩ＝正常でもない・認知症でもない状態（「正常と認知症の中間」）の有病率推計値は一三％、ＭＣＩ有病者数は約三八〇万人で、公的介護保険制度を利用している認知症高齢者は約二八〇万人である（平成二二年、厚労省）。

毎日新聞調べによれば、二〇〇五年度から八年間で認知症（疑い含む）の人による鉄道事故は一四九件、そのうち一一五人が死亡していた。また認知症（同）での行方不明者数は年間一万人といわれている。

「国家戦略」での取り組みも始まったが「安心して徘徊できる町」への道のりは遠い。

前述の「オレンジプラン」でも、「地域でサポート」と称して認知症対策のほとんどを自治体へ丸投げしている。それは「認知症サポーター」によって、各々の専門機関や法律である、地域包括支援センター（以下、包括）、社会福祉協議会、成年後見制度（つまり家庭裁判所）の三方向へ繋げという手引きだが、国は地方に、地方は包括に、包括は人手不足でお手上げ、行き着くところは家族負担。だから虐待も共倒れも起こりうるというのが実態だ。東京都の在宅高齢者実態調査（二〇一三年）では、認知症の半数は「通院していない」。公的サービスの未利用は六割にのぼっている。

「夫の症状は家族では面倒をみられないレベルで、どこの施設に電話をしてもいっぱい。もう修羅場でした」

と語るのは、先頃、夫の最期を自宅で見送ったばかりの都内在住の妻七五歳。

認知症の人を家族が自宅でみているケースは多いが、受け入れ施設が少ないことと無関係ではない。「受け入れがないから」「お金がないから」が深刻になっている。

いつまでも「家族の扶養義務」を求めていては、孤立と疲弊しか生まれない。家族は八方塞がりの状態にある。あてどもなくのたうちまわれというのか。「在宅」「在宅」と押し込めるばかりでなく、患者と日常的に繋がっている人の把握とその援助こそが、行政の果たすべき役割といえる。

「恥ずかしい」「隠したい」と語るのは、多くの認知症患者を抱える家族だ。孤立しがちな認知症患者と家族を地域から排除することがないように「寄り添う」ことの大切さが問われている。

「認知症が病気である以上、その暮らしに、素人の家族に、何をどこまで求められましょうか」

家族の会の会員が発した、その言葉の意味は重い。

2 綱渡りな「在宅」

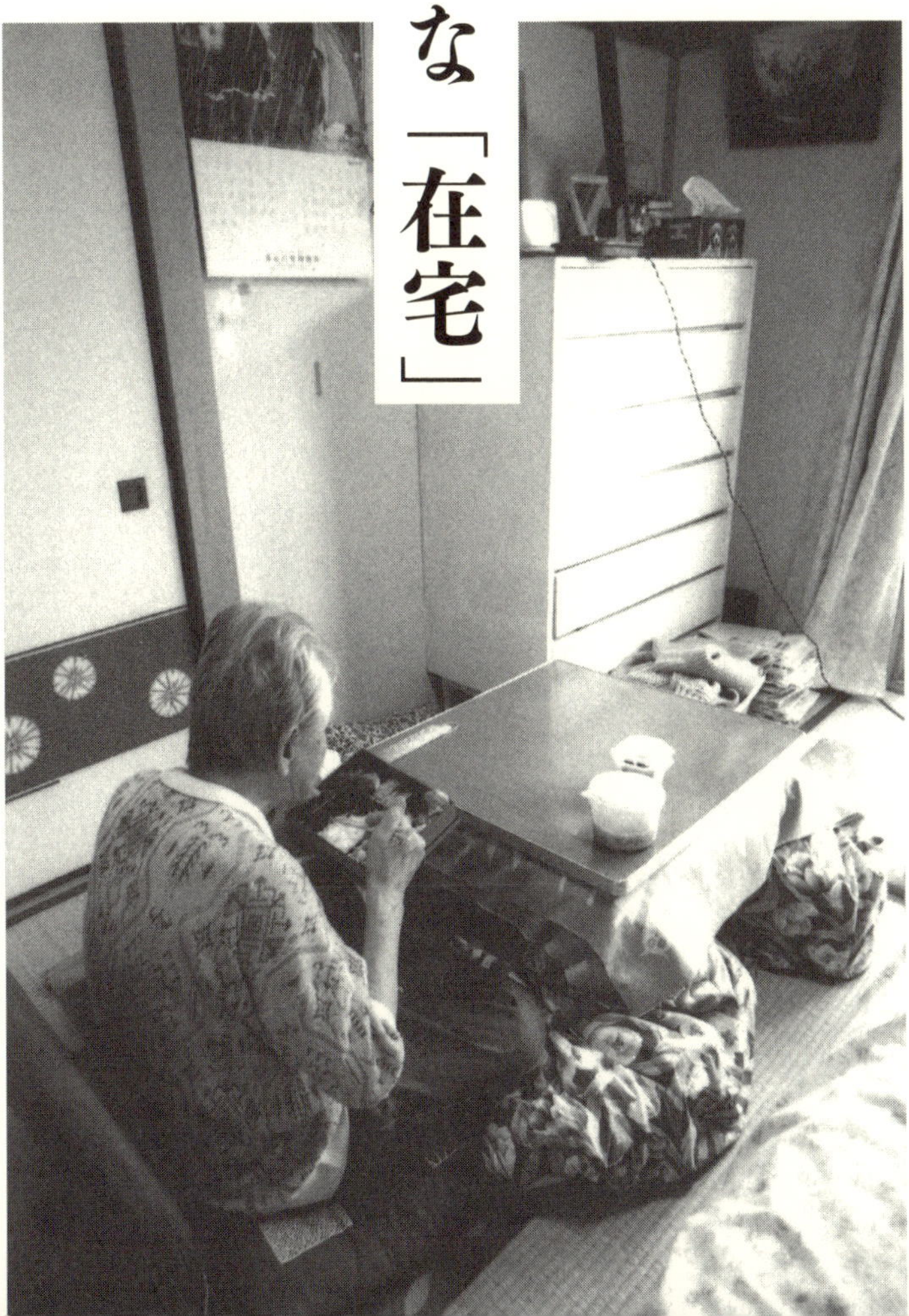

とじこもる理由

他人事、ではない。

「在宅」で介護のある暮らしはごく身近になった。

我が国の要介護高齢者数は分かっているだけで五四五・七万人（『平成二六年版　高齢社会白書』内閣府）といい、そのうちの八割が「在宅」である。

ケアマネ（ケアマネジャー／介護支援専門員）仲間で、今日もまたこんな会話が交わされている。

「もうイヤんなっちゃう。自立なんて到底むりだっていうのに、いまも特養に入れないんですよ」

「ご家族は」

「それが、いないの。年齢からしても血縁とは無縁。正確には遠方にたったひとり甥っ子がいるけど、電話したら勘弁してよって（いわれた）」

「お金は？」

「地方から出てきて、ひとりここまで（頑張った）。でも、もう仕事をできる年齢でも身体でもないし。年金がちょこっとあるだけ。年をとったら身寄りもないことに気づいたという感じ。といって近所に助けてぇともいえないし」

「加齢は最大の孤立」「高齢は貧困のリスク」という。それは所得減、医療費増、身体機能低下から、もっぱら、貧困→不健康→貧困→不健康の悪循環に陥ることで、低所得がゆえに受診も介護も自己規制してしまう。だから低所得者ほど健康状態が悪く孤立しやすい。

都会暮らしの地縁では「こんなひと、いたっけ」という人間関係もまれではなく「会話はいらない」「ひきこもりは居心地がいい」という乾いた人間関係にむしろ好感を持つ人もいる。

「身元保証人」も「身元引受人」もいない時代になりつつある。

では、身寄りがない人のケアはどうするのか。

「在宅介護」への不安は尽きないが、「無縁社会」がそれに拍車をかける。

ある日の午後、都内にある小さなデイサービスで、おやつの時間となった。

ベテラン施設長は、その和やかな様子を見ながら、こんな話をしてくれる。

風呂に入らなくても

独居で汚い「ゴミ屋敷」の主は八〇代男性でした。家族がいないと介護サービスに繋がらないケースです。要介護状態で、いわば放置状態でした。風呂には一〇年入っていないらしい。何度洗っても手ぬぐいはまっ黒で、風呂に入らなくてもひとは生きていけるのだと思いました。

靴屋に勤めていたという男性の年金は一カ月一五万円でアパート住まい。男性は競馬が好きで、二カ月分の年金が入ると一週間で使い切り、残りの一カ月半はコンビニ弁当でといった生活でした。いつもにこにこしている男性の口から、ある日こんな言葉を聞いたんです。

「……いままでひとを一度も嫌いになったことはないよ」

金銭管理に後見人をたて、地域包括支援センターに繋ぎました。近所からの通報もあって区役所も動き出し、ケアマネも決まりました。当初は室内があまりに汚くて断られましたが、やがてここ（デイケアセンター）へ通うことになりました。こうして「（ここは）駆け込み寺」になったのです。男性の部屋は確かに汚く、入ると匂いがプーンと鼻をつき、ヘルパーはそこでは仕事ができないために、部屋はそのままにして、ケアマネが対応しています。自腹でしょうか、ケアマネは自分の夫のシャツをあげていました。

生活保護受給は元・お師匠さん

こちらも汚れていました。八〇代の女性は三軒長屋の住人で、元・踊りの師匠だった人です。そこが「ゴミ屋敷」と近所からの苦情もあり、とうとう役所から地域包括支援センターへと連絡がいったらしい。

でも、いまは「(デイケアへ)頑張って行ってらっしゃい」と。「デイの日はまるで出征兵士を送るように近所から声がかかってね」と、本人が笑う。

生活保護受給者だから生活保護課が動き、清掃の業者が呼ばれ、トラックがやってきた。「きれいになった。これならヘルパーが入れる」(介護事業者)って。

環境が変わったら

「老老」かつ「認認」(認知症同士の世帯をいう)のふたり暮らし。「ゴミ屋敷」の夫は元・銀行員でしたが、定年退職後の二〇年をいったいどう生きてきたのか。子どもはいません。布団の悪徳商法にあって退職金はなくなっていました。ただし幸い年金はあった。

風呂水は湯を換えていないようで、認知症のためにその浴槽にずっとつかっているらしい。風呂は緑色のかめになっていました。

その夫がデイケアに通うようになったものの、自宅の風呂でおぼれ、入院。妻がひとりになりました。妻はそれに気が動転したのか、認知症の症状が進み、乗り物や買い物先でトラブルを起こし、ケアマネがその対応にあたりました。

やがて妻は施設に入ることになります。当然に環境が激変する。その人にはあの自宅が合っていたとしたら。たとえゴキブリがいようが、と思うのです。

バッシング

生活保護を受給している八五歳の男性は、剛健な感じで「昔、ボクシングをやっていた」というだけのことはあります。しかし、認知症が始まり動き回るようになると「上野で見たよ」「浅草で歩いてた」と近所の方から聞くようになりました。それでも〈大丈夫なひと〉という思いでした。

ところが、周りからバッシングが始まったのです。男性は子ども好きで、近所の子どもたちにおどけることもあったけれど、親の多くは「怖い」と口をそろえていった。団地内で立ち小便をしてしまった。共同住宅なのに、布団干しのルールが分からない。管理人や近所から「気持ち悪い」「ボケ」「うちの子に何をするのか」と責められて、口喧嘩になることも。週三回のデイ通いで穏やかになったけれど、周囲の冷たさは変わらない。いよいよ「ひきこもり」になったのです。そのまま二〇年間もの長い間、ひきこもっていた。本人は「外が怖かった」というけれど、きっと世間が怖かったのだと思いました。

ある日のこと、トラブルから男性が絶叫し警察がやってきています。また外へ出られない日が続きました。近所に住まれると「迷惑」「怖い」という人は多いけれど、こうしたひとは町で暮らせないのか、排除されるしかないのか、「施設へブチこんだらいい」という人まで現れる始末です。

男性は、いまは静かにグループホームで暮らしています。

知的障害のある五〇代男性

男性は軽度の知的障害者で五〇代でした。両親と同居でしたが、母にも知的障害がありました。その母の死後、男性は父とふたりで暮らしていました。

そして父が逝くと、ついにひとりに。生活は障害年金のみでした。

「ゴミ屋敷」でゲームに浸かり、とじこもり状態が続きました。やがて支援団体に繋がり作業所に行くまでになったものの、程なくして男性は亡くなりました。心臓疾患でした。

担当したケースワーカーは、こう私に話してくれました。

「ひとにはそのひとに合った生き方がある。そのひとにとってどうか、ユックリさせたほうが良かったかと思った。合理的にしようとするあまり、ひきこもりの気持ちになれなかった。居心地がどうだったか」「生活保護なら目に入り、繋がりができる。施設入居も優先的だし。このケースからは、ひとにはサービスでない関係があるといいのだけれど（と考えさせられた）」と。

介護レスのひとびと

「年金は削られ、医療費は上がる。介護保険サービスは使えない。これこそ、ないないづくしですよ」

独居八九歳の女性は、そういって俯《うつむ》くと口をつぐんだ。

「老老介護」「認認介護」「熱中症死」「介護離職」「嘱託殺人」「入居待機」「医療抑制」、現代の超高齢社会を象徴する四字熟語はあげれば枚挙にいとまがない。この間に公的介護保険の導入もあったが、お題目の「家族介護から介護の社会化」という理念は揺らぎ「いのちの沙汰も金しだい」の状況を露呈している。

福祉とは継続である。だから生活を支援するために、時系列の「切れ目なきサービスの提供」は必須で、現在入院中ならば、退院後の在宅での医療・介護面について、生活面への支援について（お金、住まい、食事など）、両方とも最低限の「持続可能性」の視座に他ならない。また介護家族への支援の必要性は、およそ次の三つに整理されるのが一般的だ。①介護者への所得保障（手当、税含む）、②介護者の休息保障（時間・場所）及び情報・相談・カウンセリング、技術講習など、③就労機会保障（介護孤立からの解放含む）といわれている。福祉先進国のひとつデンマークでは、住まいは地域にある高齢者住宅で、ケアは二四時間在宅ケアである。「地域ケア」というなら「施設、在宅の一元化」が不可欠の条件だ。

我が国の「入院前の場所・退院後の行き先」をみると、入院前の場所は推計退院患者一三六四万一〇〇〇人のうち「家庭」が八八・五％で、また退院後の行き先については「家庭」が八四・〇％となっている（平成二六年九月一日〜三〇日に退院した者を対象／厚労省統計／平成二七年一二月一七日）。

介護の周辺では、再三こんな声が聞こえる。

「（うちに）帰りたいけど帰れない」

「(施設や病院に)入りたいけど入れない」

一見して対称的にみえる両者だが、同根だ。

生活を支援するとはサービスの連続した提供に他ならないが、前者は医療機関から在宅へ、退院後の生活面は「ご自身で」という考えに立つ。しかし我が国の在宅サービスは時間刻みの細切れ介護である。となれば家族がいない「うち」での復帰は、なおのこと不安を増幅させる。後者の「入りたいけど入れない」は、施設入居の待機である。

いずれも日本の介護施策のシステムが生みだしている、介護レスの状態だ。

経済的な理由が、より深刻な状態にさせているケースは多い。

訪問先から戻ったばかりのベテランヘルパー(東京・東部地区)は、「在宅」での介護レスの様子をこう紹介する。

ネックは自己負担

八〇代の老夫婦ふたり暮らしは公営団地住まい。

玄関でピンポンをするが、ひとは出てこない。やっとのことで夫の返事が聞こえるものの出てこない。一時間ほど待ったが諦めてこの日は帰ることにした。

翌日、ポストをのぞくと新聞が入ったままだから「おかしい」（と思った）お年寄りセンターへ連絡した。

鍵がかかっているから、駆けつけたセンター職員は隣人に断りベランダを乗り越えた。

妻が、玄関わきで死んでいた。

「もう駄目だ」

夫は台所で倒れている。

救急車を呼んだ。

認知症の夫は、話はできるが、妻の死は分からなかった。

妻は長年パーキンソン病に悩まされ、夫は歩行難で軽度の認知症があった。同宅には周囲も気にかけていた。夫は元職人。年金少々。

接触開始。生活保護の申請を勧めるも拒否、その夫が買い物で転んだ。また介護保険の手続きをしようと誘うが「いらない」（夫）と固辞する。クーラーの室外機はあるが、水が出ていないから使っていないらしい。介護保険利用では利用料の一割負担がネックだから。

入院拒否の理由

夫八〇代、妻七〇代。

妻は脳梗塞を患っていたが、健康保険料が未払いなので病院に行かずに「うち」で寝ていた。しかし体調悪化が進み、隣人が夫に声をかけ救急車で妻を搬送。他に大腸ガン、十二指腸潰瘍もあることが分かった。

入院を勧めるも断られた。医療費が払えないからのようだ。

「検査なんてとんでもない。しないで」と、夫が周りにしきりに懇願する。

夫はかつて居酒屋をやっていたが、いまの生活にゆとりはない。

生活保護の手続きをした。

頼まないのか頼めないのか。周囲は、なによりヘルパーの日数を増やしたかった。

介護保険の自己負担一割がきつい。国民年金の暮らしのなかでは利用料の壁はとても高い。

「娘に怒られるから」

「(訪問先は) サウナのようで」と、同僚のヘルパーがまいっている。

クーラーを入れないのは、設備はあるが「電気代が心配だから」

親子世帯で、子は「出戻り」だが、「娘に怒られるから、買い物が減った」という。

安くて形の悪い野菜ばかりを買っている。

同僚の申し送りのメモ書きには、こう記されている。

「きゅうり、ジャガイモ、ハム、玉ねぎ、ニンジンもとり入れたいけど。サラダを三〇分かけて小分けにして食す。キャベツばかりの時もある。料理も限界。国民年金は二カ月で一〇万円。月五万円のそこから毎月一万円が家賃、食費が一万円、一パック四個入りのあんパンは九八円、それを二日で食べる。朝食なし、昼は即席めん、夕食は一〇〇円ショップで賞味期限切れの半額シールが貼ってある、おいなりさん。見かねて隣人がおかずを差し入れてくれた。あと光熱費などもあるから、医療費のねん出は難しい」


都内の、ある病院事務長が語る。

「病院の機能分化（急性期、一般、療養型）で入院に縛りがあるから、急性期に入院したなら、在院日数の関係で、早く早くと退院を迫ることになります。つまり患者にとっては入院期間に制限がかかることになる。ＭＳＷ（医療ソーシャルワーカー）の仕事はいまや患者支援から病院運営になっている。どこへ転院したらいいか、在宅ではどうやってサポートしたらいいかといったふう。転院・介護問題では、在宅、施設、病院ごとに違うので、患者と家族が戸惑う。介護保険の、どうやって使ったら（いいか）という相談では、まだ認定（手続きに一カ月必要）を受けていない患者のケースではこちらが慌てる。この場合は在宅の開始に暫定的サービスが必要になるけれど、地域による差、ケアマネによる差がありますね。

在宅では、ベッド、トイレ、吸引機が必要なこともあるけど、ケアマネによって対応の早い遅いがはっきり出る。どうやってケアマネを選ぶか、認定通知と名前と住所の一覧表では分からない。悩む。在宅介護の限界を思う。キーパーソンは誰か、日中独居も多い。サービス会社もサービス量のアレンジができない。在宅介護は、一時しのぎではないですから」

ところで、高齢者医療の訪問看護が、なぜ「介護保険」なのか。

「医療の一部を押し付けた、ポケットの移し替えでしかない。福祉はそれに引きずられた格好です。診療報酬より介護報酬のほうが安上がりだからとうがった意見も少なくない。介護職によるタン（痰）取り解禁もまた、その延長線上ですから」（同・事務長）

「追い出されて」「たらいまわしで」「待たされて」「萎縮して」「遠慮して」「とじこもって」が、「在宅」をする側の実態なのか。

「出られない」「誰も来ない」「繋がれて」「転院」「限度額いっぱい」「受け皿がない」といった

当事者と家族の訴えは続く。

「人員不足、育成不足、財源不足、時間不足、これでは良いサービスが提供できない。福祉を志す者が育つ環境と制度がなければ意味がない」（首都圏・介護施設経営者）

資格要件、研修制度の変更によって目指すものは何か。

唯々諾々を現場に求めてはいけない。適切な労働環境、職員の待遇改善があってこそ、はいうまでもない。

「在宅」であろうと「施設」であろうと、専門職として働きつづけられる担い手の身分と処遇の保障が叫ばれて久しい。

団塊世代が七五歳を迎える二〇二五年になると、現在は年間一二三万人の死者数が一五八万人になり、三〇年には一六〇万人になるという。しかしながら国は入院日数削減、病床削減という抑制施策をとっている。

ひとり暮らしの「在宅介護」はどうするのか。

「寒風が入り込み、零下になるアパートの要介護高齢者のひとり暮らし。それでも家庭と呼べるのでしょうか」

今日も雪道を巡回して帰ったばかりの北海道札幌市の民生委員・矢口正人は、こういぶかった。

高齢化するホームヘルパー

「仕事がきつい」「賃金が低い」「将来の保障がない」

厚労省によれば、四二万九八二二人（平成二六年一〇月）といわれる我が国のホームヘルパー（訪問介護員）の八八・六％を女性が占める。また、介護労働安定センターの「平成二六年度介護労働実態調査」（調査対象は全国一万七二九五事業所）によると、五五・六％が非正規（施設介護士は三三・一％）。平均年齢は五二・七歳（同四二・五歳）、勤続五・六年（同五・四年）が平均。月収は常勤換算で平均一八万七一二八円（同一九万六一三一円）である。ホームヘルパーは施設介護士よりも「年長化」が顕著で、直行直帰の労働スタイルで一日数件回ることをノルマとする、実際は孤立した仕事である。

「〇〇さんは入院しました。△△さんはショートステイに行きましたって。で、私は減収になるわけ。この仕事は利用者さんの具合が良くなっても減収です。いくら頑張っても一カ月二〇万円になりません。だからダブルワークで家計を支えるって感じですね」

電話を受話器に戻した後、ホームヘルパーが厳しい現実を語る。担当する家庭からの「中止の連絡」だった。

在宅重視の一方で、ホームヘルパーは減少しつづけている。

近年では自治体による養成もなくなり、どの事業所もヘルパー不足は深刻で、同時にスタッフの高齢化現象が始まっている。介護士養成の学校を出て、さぁ現場にというとき、若いひとほど施設勤務を希望する。

「施設から在宅へ」の国策だが、依然として介護の担い手は少ない。「このままでは、一〇年後には、ホームヘルパーは我が国から消滅するのでは……」が、事業所のミーティングでも囁《ささや》かれる。

キャリア一〇年、現在七三歳の女性ホームヘルパー（東京都内）は、記者の耳元でそっと語るのだ。

「私の場合、介護保険前の月給は一五万円くらい。それが介護保険が始まったら三カ所の掛け持ちで八万円になっていた。背に腹は代えられないから年金七万円を加えてようやく一五万円でやっている。仕事は面白いから続けている。だから六五歳で介護福祉士に、六七歳でケアマネになった。といっても名ばかりでほとんど収入には繋がらない。事業所は一割のひとが正規、あとはすべて非常勤。二時間仕事＋図書館（あるいは公園で待機）＋二時間仕事で実質一日四時間という日も。仕事と仕事の間に家に帰ることもできないし。待機はカウントされないし。ただし利用者さんとは信頼でやっている。成長産業？　ですって。産業じゃないでしょ。違和感がある」

「高いところは駄目、電球交換はできないから、老いを感じることもある。若いコにお芋ふかしてといったら、ふかすってなんですかって聞かれた。ホウレン草をゆでるときは熱湯に入れるが（若いコは）水から入れてたよって利用者さんからいわれた。リンゴに塩水をといったら塩をかけてしまったとか、紅白のなますではニンジンが多すぎて失敗したって。そうねぇ、私自身は軽費老人ホームに入る予定。蓄えを崩してもね」

「若いひとは、まず来ないですね」

最近では登録ヘルパーを募集しても応募がなく、それは常勤でも同様、と介護事業主がこぼす。ニーズはあるが働き手がなく、小さな事業所ほど厳しい。ここにも他の産業同様の二重構造が存在する。離職率も高く、現場では「一年間で五人に一人は新規」を繰り返している。「看護師が頻繁に替わるところは良い病院ではないという指標」といわれるが、介護士における「居心地」は、業界全体に共通していた。

「最近では、ワンフロアーはウチでやりますのでお任せを、という派遣会社の営業もあるんですよ」（千葉・デイホーム施設長）

「あなた派遣ですか？」が、いまや施設で働く介護士同士の最初の挨拶だという。首都圏のある特養ホームに勤務するヘルパーだ。そこの介護士は四割が正規で、残る六割は非正規で、在宅の直行直帰型に似てお互いの「会話」はなく、正規と非正規の間には雇用形態の違いからくる「トラブル」も加わり、「統制」はとれようはずもない。

わずか二年の間にスタッフ一〇人中五人が入れ替わった。こちらは都内で全国展開する大手介護事業者の有料老人ホームだ。入居者費用は一カ月三〇～四〇万円だから「有料」でも高級の部だが、そこでもスタッフの離職率は高い。

在宅、施設とも、介護の担い手への支援がまったく進まない。

うつ、虐待防止、介護の質の向上にも、公的な形での「ケアするひと」のケアが急がれる。介護者の孤立には、①物理的、②精神的、③社会的の三つがあるという（渡辺道代、『ゆたかなくらし』二〇〇九年一二月号）。①は「時間的に余裕がない」「家から離れられない」「言動から目を離せない」。②では「いつも気になり離れられない」「社会から取り残されている」「将来が不安になる」。③では「仕事やいままで行ってきたことができなくなる」「友人との付き合いや趣味など自分の時間がもてない」「親戚や近隣関係と疎遠になる」「経済的に困窮する」など。

介護する側の「気のもちよう」では決して解決しないことは歴然だ。

二〇二五年には、全国で二五三・〇万人の「介護人材」の需要見込みがあると厚労省は見積もっている（平成二七年六月二四日社会・援護局発表）。一方で「介護人材」の供給見込みは二一五・

二万人といい、需要ギャップは三七・七万人という。国は一〇年間で一〇〇万人増やすと「介護人材確保策」（二〇一三年度「介護人材」一七一万人）を掲げるが、そのなかにホームヘルパーが含まれているかは不明だ。

ところで要介護者数（厚労省、平成二七年一〇月分介護保険事業状況報告）で要介護（要支援）認定者数は六一七・五万人、うち「居宅」（介護予防）サービス受給者数は三八八・九万人である。ただし、同数値もあくまで「介護保険」における認定者数である。

看護師の「需要」もまた、二〇一一年の一四〇万四〇〇〇人から二〇二五年には一五〇万一〇〇〇人に増加する（病院、診療所、訪問看護ステーション、施設など）と見込んでいる。

「独自の介護士認定制度を開始した神戸市では給与の優遇指導も開始したというけど、他のところでも独自の認定制度やサービスの独自の上乗せがあってもいい」（事業所経営／東京都内）

「政府は実際の従事者数の把握などしていないと思う。介護職員という枠でしか見ていないから。生活の質なんて雲の上の話ですね」（ヘルパー／六五歳／神奈川県）

「直行直帰ならば事業者は移動時間を不払いで済む。さらに業界は土曜日曜に加算もない。在宅は生活援助が多いけれど、そこへの介護報酬は少ない。一日で十一件ということもあったから、まるで家から家へミツバチのようで」（ヘルパー／五〇代／東京都内）

「（事業主は）介護保険以外で儲けるしかないといっている。研修助成や雇用奨励金、失業対策、生活保護就労指導とか。身体介護で利用者さんにこんなことをいわれた。いいお金、とってるねって。身体の介護報酬一時間四〇四〇円のことをいっているらしい。私は一三〇〇円だけどね」（同）

労働としての評価がない。利用者と話をしても賃金は出ない。六〇歳を「若いほう」という業界だ。前出の七三歳ヘルパーは「３Ｋは感動、感激、感謝がいいね」と語った数日後、腰痛で入院した。治療に八万円がかかった。

ある介護事業主（都内）は、

「現場は、年寄りが年寄りをみている。圧倒的な人手不足に二四時間巡回なんて絵に描いたモチですよ。うちは八割が介護福祉士だから加算要件を満たしているけど、利用者さんに支払いが発生するから求めていない。加算制度っておかしい。同じオムツ交換でも料金が違うことに。それよりも直行直帰を早くやめて」と語った。

福祉の担い手の先細り減少は、昔日の「家政婦」を浮き彫りにする。直接的な介護プロの不足が一般的になったら「家族で介護を」へ否応なしにいざなう。となれば、もとのもくあみで、明らかに「介護の社会化」からは逆行する。

「生活援助は弁当でいい」という自治体も出現している。

担当者は悪びれず、こういうのだ。

「ヘルパーによる生活援助なら三〇〇〇円かかるけど、弁当なら安くて済むから」

「介護予防」が消えた

「軽度を理由に介護保険から切り離して（市区町村が）どれだけの支援ができるのか。こちらに用意がないままに丸投げです。国は財源をつけるというけど、やがては民間に移行させる考えでしょう」（都内・自治体職員）

二〇一五年度を皮切りに国は前年に成立させた地域医療・介護総合確保推進法（地域医療・介護確保法）の下で、要支援1と2のひと（約一五〇万人）を対象とする「予防給付」（訪問介護、通所介護）を三年かけて市区町村事業（地域支援事業）に移管した。しかしながら、これで我が国の介護福祉サービスの保障の全国一律型が崩れ、住むところによって異なるという現象を生むことから、憲法違反の疑いが残る。

では、サービスの制限で何が起こるのか。

それは、①ヘルパー派遣、②デイサービスの二つの利用が対象だが、利用者と家族はもとより現場が戸惑うことになった。「これまで国は介護予防をといいながら、時々のさじ加減だから」（前出・自治体職員）と怒りを隠せない。①では日常の生活援助の買い物や掃除、洗濯がなくなる。

第1号被保険者（65歳以上）の要介護度別認定者数の推移

（「平成26年版高齢社会白書」をもとに作成）

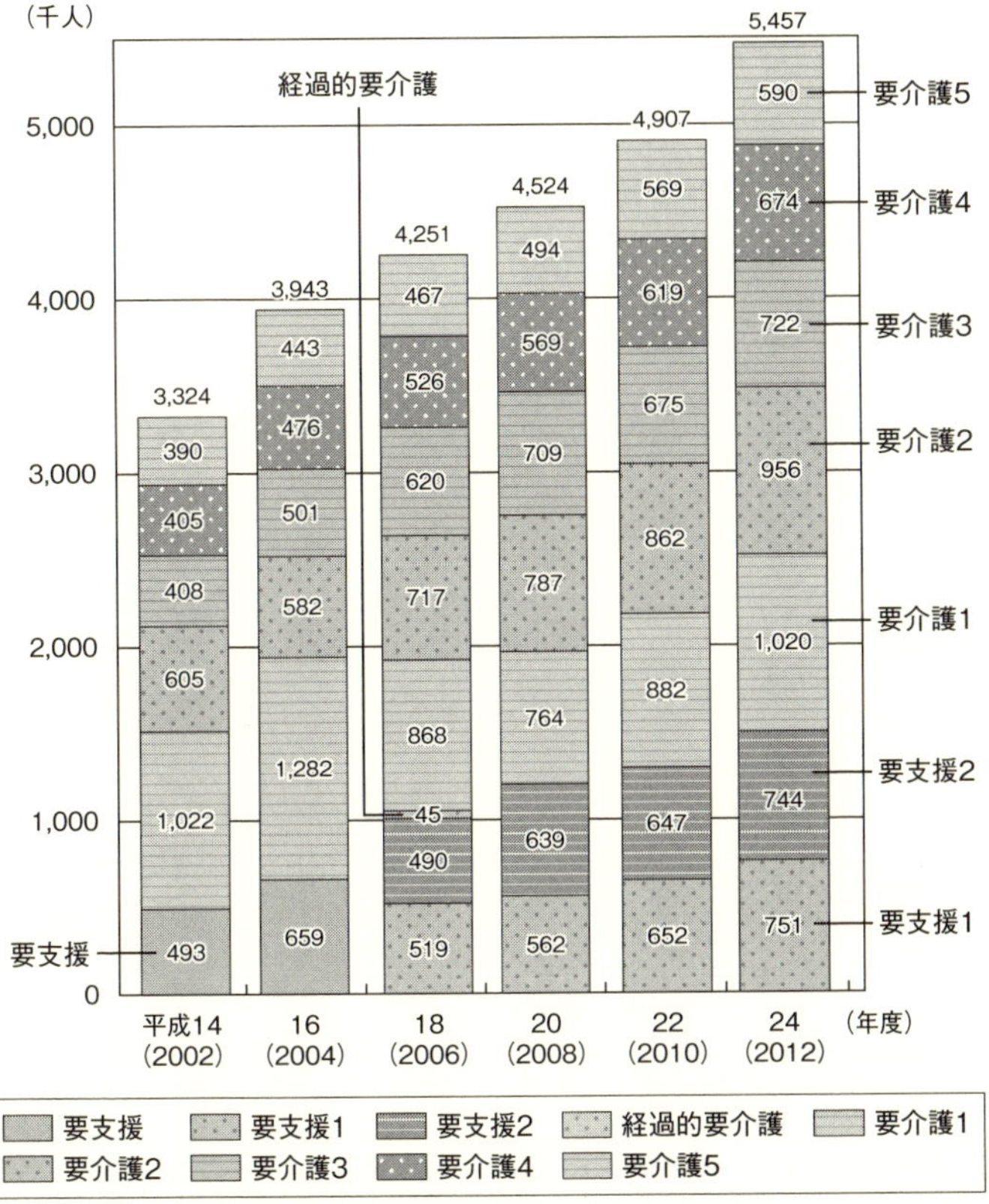

資料：厚生労働省「介護保険事業状況報告（年報）」
（注1）平成18年4月より介護保険法の改正に伴い、要介護度の区分が変更されている。
（注2）東日本大震災の影響により、報告が困難であった福島県の5町1村（広野町、楢葉町、富岡町、川内村、双葉町、新地町）を除いて集計した値

坂道があったり身体不自由のケースもあるため、暮らしにくくなるばかりか人との交流も滞りこもりがちで、孤立状態にもなりかねない。②ではもともと「とじこもり防止」が目的だが、今度は「サロンを使って」という。ただし、それがないところは多く、しかも「サロン」は送迎がない。なぜなら「サロン」は自分で行ける人が前提なのだから、多くの人が取り残される。つまり前者で「ヘルパーを使いたい」といっても使えず、後者では「多様なサービス」といったところで選択肢がないところへ放り出された、といっても過言ではない。

また同法では、特養入所が「要介護3以上」になった。

ある政令都市の担当者は、声をあげた。

「いまですら当市で五〇〇〇人の待機者がいます。うち一五〇〇人が要介護1もしくは2の方です。これら待機されている方に、制度が変わったので、もう入れませんといえますか。どう説明しろっていうのでしょうか」

さんざん待機させておいて「介護度の変更があって、あなたは入れません」では、堂々の公的詐欺だ。こんな朝令暮改ぶりに、なんのための保険制度なのかが問われている。

「介護でお宅を訪問するとき、とても時間を気にします。以前は一回の訪問が九〇分ありましたが、六〇分に。それがいまは四五分ですから」（都内のベテランヘルパー）

身近な社会福祉協議会も、とうに訪問介護事業から撤退している。

すでに二〇〇六年改定で、予防重視を謳うものの「サービスに頼りすぎては機能低下になる」と軽度者（要支援1及び2、要介護1）へのサービスの切り下げを開始していた。対象者はそれまで介護保険サービスで貸与されていた電動車椅子や介護用ベッドを取り上げられるなど二〇万人のひとが打ち切りに泣いた。

それは福祉用具だけではない。二〇一二年からは生活援助サービスの時間区分も、六〇分から四五分に単位を縮小している。

一五分の差は大きい。

家事援助サービスの調理、掃除、洗濯、買い物などは在宅生活の基礎部分を支えるから、時間短縮は利用者の生命と暮らしを危険にさらしかねない。バタバタして話をする暇もない。つまりは「情緒的ケア」（精神的ケア）など望めようはずもない。ホームヘルパーとは生活援助、身体援助、相談助言の三つを仕事とするが、相談助言はますます実態を失い〈時間の切れ目が縁の切れ目〉になる。

現場では、時間単位の縮小を利用者へ説明することから始めなくてはならない。

介護事業所は時間短縮で報酬上収入は下がり、ヘルパーへの支払い額減→退職者増→人材不足から事業所閉鎖も珍しくない。訪問介護ではヘルパーが時間オーバー分を「ボランティアでする」

こともある。

また時間の短縮で「ケアプラン」も難しいという。支援は個別性の原則にのっとり、利用者（家族含む）の状況と情報、ニーズから目標設定がされる。ＡＤＬ（日常生活動作）からＱＯＬ（生活の質）へはもとより「調理は各々の健康管理とバランスに配慮し、買い物は予算内でより良質のものを。掃除は掃除機をかけたら済むわけではない。同様に洗濯機をまわしたら終わりではありません。見守りでは仕事をしながらもコミュニケーションを心がけます。ゴミ出し、郵便物の確認をはじめ、室内の環境整備、灯油入れだってありますから」

生活援助は型通りではない。それは一件一件ごとに違うから、専門性、柔軟性が求められる高度な仕事だ。援助時間の削減は何をもたらすのか。時間に依る出来高払いは、余儀なくサービスの低下と介護者の賃下げへの悪循環に至る危険性をはらんでいる。

家事援助サービスとは、生活援助の基本だ。

時間の短縮がもたらすサービスの低下とはどれほどか。

現職のベテランヘルパー（首都圏）に同行した。

――九〇代女性はひとり暮らしで、認知症ありの要支援２。掃除・洗濯の生活援助で週二回の訪問は各四五分。自ら電話でタクシーや救急車を呼んで病院に行くことはできるけれど、ポットをガスコンロにかけてボヤを出したためガスを止めている。食事をする準備をすることがすでにできなくなって、一日一回の配食サービスが命の綱となっている。配食の弁当もそのまま冷蔵庫に入っているときもある。座位がとれず、背中を支えるように介助が必要。今日は水分が不足していたようで、準備したジュースやゼリーもすぐに召し上がる。ベッドへ移りましょうと抱き起こし、ベッドまで抱えながら介助し、残りの二〇分で掃除と洗濯を済ませる。この援助はプランにないもので生活援助と身体介護が一体の内容になった。

――七八歳女性はひとり暮らしで、要支援2。通帳がない、印鑑がない、保険の証書がなくなったと事務所に頻繁に電話が入る。日中は子どもたちの職場にも電話をするようになった。週一回の通所介護。週三日の訪問介護利用は朝一〇時三〇分から一一時一五分まで、四五分で掃除・調理をすることにした。本人は、はじめはヘルパーが訪問しても、自分のことは自分でできるのに、すまないねぇといってあまり援助ができないこともあった。しかしヘルパーが本人の主体性を引き出す援助をすることで、徐々にヘルパーに慣れて頼りにするようになった。ヘルパーはなるべく調理の食材には本人が作った野菜を使いながら農作業の労をねぎらった。そんな関わりから本人にも活気が戻った。

――八〇代のひとり暮らし女性で、要支援2。薬の調整で日常生活を続けられるという。ただし精神の病気と糖尿病からくる歩行困難のため、買い物や掃除等の家事ができない。家の中はたんすの端などにつかまりながらやっと歩ける程度であることから、介護保険では要支援2の認定で、ヘルパーの訪問が始まったばかり。ヘルパーの訪問で老い先の不安が少なくなったと喜ばれていた。流れる汗を拭いて、そっと濡れタオルを渡して顔を拭いていただいた。外の空気を嫌うことから窓は開けずに掃除をする。精神の病気からくるこだわりの強い相手の要望には寄り添うことが求められるからだ。冷蔵庫の中にある「キャベツ・トマト・大根は薬が入っているから捨てて」といわれたり「天井から泥棒がくるから電気はつけないで」など不安定な病状が続いている。

対象者が生活する人間であるのに、支援はなぜぷつんぷつんと細切れサービスなのか。それは生活まるごとのはずが、ひとの身体に例えれば医師が「肝臓はみるけど心臓はみない」に似た様だ。介護サービス自体を単品化するから「まるでファミリーレストランみたい」と揶揄する声も聞く。介護の調理が配食サービスと違うのは、ヘルパーは単に食事を作るだけでなく、その日の利用者の健康状態の観察や悩みなどを聴くことも大切な仕事とされるから、である。

事務所のケアマネジャーが、業を煮やし、こう話すのだ。

「(時間短縮で) ヘルパーの仕事がバラバラになったわけ。時間の関係から調理と掃除のみ、といったふう。ひとの暮らしの支援にパーツではおかしいでしょ」

時間短縮は逆に要介護者の増加、重度化が懸念される。介護サービスからの軽度者はずしは、さらなる家族負担を招くため「保険」(制度) 本来の意味がない。また軽度といっても「老老介護」「認認介護」「独居」の世帯や認知症などから在宅生活が困難な施設入居希望者は全国で十数万人にのぼるといわれ、在宅生活の困難度は介護度と比例しない。つまり特養入居条件とされる介護度「3」以下でも多数の困難者は存在している。それだから「3」以下を門前払いするのは間違っているといえよう。

東京品川区では、二〇一三年度から要介護度が改善した場合において独自の報酬制度を導入した。リハビリ等を積極的に行い要介護度が改善すると介護報酬が低くなるという、国の報酬制度自体の構造的な矛盾へのジレンマに応えた格好だ。要介護度改善ケアに「成功報酬」とあって現場の評価は高い。区では特養を対象に現場の意識向上を図る目的という。

ただし気になるのは、特養入所者は「3以上」ゆえ改善の見込みがないひとだ。それは事業者にとって「カネにならないひと」にならないか、当然ながら一抹の不安がよぎる。

いうまでもなく、医療も介護も、ひとの生命に成果主義はなじまない。国は特養入所基準を「要介護3以上」と指定するが、前記のように現在でもその受け入れの実態は「3以上」が常識だ。

「ほとんど寝たきりにならないとサービスを使わせないのでは、予防の意味がない」（首都圏・介護事業所）

国は医療と同様に「予防重視」といいつつも「介護サービスに頼りすぎると身体機能の低下になる」と喧伝する。しかし予防から手を引こうとすれば重度化は進み、結果として「介護保険」の対象は増えるから、悪循環、制度不信は根強い。こうして「予防重視」の看板は色あせた。

これだけで家族の「介護休暇」など有名無実である。「在宅」では家族が「介護離職」をし、ホームヘルパーも消滅の危機を迎え、施設では介護士の離職が続く。

施設の介護士不足で入所者受け入れ抑制をせねばならないところも増えている。また直接雇用をやめて、派遣業者に委ねるところも出てきている。介護職確保はいまや施設長の最大関心事だが、ややもすれば介護経験のない者とて「歓迎」になりかねない。また二年で「リーダー」も珍しくない。となれば先のように「ケアプラン」はあってもその通りにはいかない。

昨今の特養事情を、都内のある施設長はいう。

「介護予防の切り捨てによって、そこにはいられなくなるひとが出てきます」

現在「介護保険」を使っているひとへは、現行相当のサービス提供というが、経過措置でしかない。自治体によって「予防」の中身は異なるものになるのか。

「再申請するってか」

二〇〇九年一〇月一三日。厚生労働省は、以下の文書をホームページ上で発表した（原文ママ）。

平成二一年四月から九月に新規に要介護認定を申請された皆様へ

一〇月より要介護認定の方法が変わりました。「非該当」とされた方で、実情と一致していないと思われる場合は、再申請を行うことができます。認定された要介護度が実情と一致しないと思われる場合は、区分変更申請を行うことができます。本年四月に行った、要介護認定の見直しについて、その影響を有識者・関係者からなる厚生労働省の検討会において検証したところ、認定のばらつきは是正されているものの、軽度者等の割合が増加していることが明らかになったことから、本年一〇月一日より、新たに認定方法を見直しました。

要介護認定の結果

①「非該当」と判定された方で、実情と一致していないと思われる場合は、再申請を行うことができます。（＊必ず認定されることを保証するものではなく、再度「非該当」となる場合もあ

ります。）

②「要支援一」「要支援二」又は「要介護一」～「要介護五」と認定された方で、その要介護度が実情と一致していないと思われる場合は、有効期間終了前であっても区分変更申請を行うことができます。（＊必ず希望どおりの要介護度で認定されることを保証するものではありません。）

二〇〇〇年に始まった「介護保険」は三年ごとの改定がある。右の文書は三回目の改定期（二〇〇九年）のもので、制度始動からちょうど「一〇年目」を迎えようとしていた。介護度自体の数票化は当初より疑問符が投げかけられていたが、それは需要と供給からくる「ランク付け」の区分といえ、「介護保険」のサービスを受けるには医療と違い介護度＝サービス需給額であることから、必要度は即決できないばかりか、いざ使おうという段で使い勝手への制限も発生している。前記の結果「再申請」はわずかに二九七人。九割が今度は要介護と判定されたという。振り返れば、保険料を有無もいわせず徴収し、さらに申請を求め、結果「非該当」だったら「そもそも保険料を取られてどうして査定される側なのか」と、いつまでも尾を引くことだった。

昔から「文」は人なりという。施政者は一文をもって死を選んだ歴史もある。にもかかわらず、とんでもない官庁発の書面に出合ってしまった。それが、先の文章だ。なかでも、＊の箇所は申請抑制を暗に誘うだけでなく、作文の側の面子なのか、どうしても条件付きを明示したいらしい。施政をその名の通り「施し」（ほどこし）と思っているのか。誰に向けての発信なのだろうか。

「一般向け」というのなら随分と高飛車な方法と内容である。ホームページ上で発表されても、国民の誰もがネット検索できるわけではない。「再申請もできます」というお上の論理は、どうにも居丈高である。すでに見過ごしと諦めの人が多いから、「官」の驕《おご》りがひょっこり顔を出していた。「行政不服」が開店休業のように敷居をいつまでも高くするから、〝必要なひとに必要なサービス〟とは縁遠い。「情報公開」というから、いえるものならいってこい。少しばかり顔を立てて聞いてやろう。あとは審査の結果、駄目でいい。一方で「地方の時代」といいつつも、逆に中央集権が進む我が国だ。国家公務員の指示待ちの地方公務員はあたかも同じ武士であっても機関委任事務は「上士」「下士」のようで、自治体の個性など望むべくもなかった。市井にとっては、再申請は申請より辛いのだ。

その後、「非該当」になった人が再申請した結果、九三％は介護が必要だと判断された。また地域によって再申請などの手続きが十分周知されていない可能性があることが指摘されている（二〇一〇年一月一五日付朝日新聞）。

近年、国（厚労省）は、今後の社会保障は「自助」「互助」「共助」「公助」とアドバルーンをあげている（「社会保障の在り方に関する懇談会」）。

「もっと働き、健康は自分で責任を」「近隣の助け合いやボランティアの動員で」「社会保険のように相互扶助にて」「困窮には要件に応じて社会福祉で」と鼓舞するからかえって疎ましい。裏を返せば「（家族は）国を当てにするな」「社会的介護はご近所でやってほしい」が本音か、再び「自己責任」「自助努力」論のＤＮＡが見えている。

医療福祉の歴史に詳しい、いたばし天秤の会代表・箭内敏夫の指摘は、こうだ。

「医療亡国論」は一九八三年三月号の雑誌『健康保険』に掲載された「医療費をめぐる情勢と対応に関する私の考え方」という論文に見ることができます。論文の筆者は、当時の厚生省保険局長の吉村仁氏です。吉村氏は「このまま医療費が増えれば国家がつぶれるという発想さえ出ている。これは仮に、医療費亡国論と称しておこう」と、論文の中で以下の三点を強調しています。一つには医療費亡国論で、このまま租税・社会保障負担が増大すれば、日本社会の活力が失われる。二つには医療費効率削減論で治療中心の医療より予防・健康管理・生活指導などに重点を置いたほうが効率的である。三つには医療費需給過剰論で、供給は一県一大学政策もあって近い将来医師過剰が憂えられ、病床数も世界一、高額医療機器導入数も世界的に高いといったもので、その後、厚生省（現厚生労働省）の官僚たちは忠実にこの路線を守りつづけているのです。

「85センチよりもドックを受けたい」「ドック助成制度の復活を切望」いずれも新聞への投稿記事である。

自治体によって人間ドック等の助成制度が廃止になった。

「申請に出向いて窓口で面食らった」という。その申請書には「メタボ健診への移行のため」と書かれている。体よく追い返せるためだ。また、健診の実施に伴い人間ドック、脳ドックの補助が終了します、と市の広報紙でわずか二行のガイドしか載せないところさえある。健診＝メタボへの特化自体に元来無理があるが、その投書からも、申請に出かけたが事実上の門前払いであること、ドック廃止は期待する生存権の保障を奪うこと、の二つの問題が浮かび上がった。

「メタボ健診が太れば癌検診が痩せる」というが、自治体の六割が「制度見直し」をする一方で、一割が癌検診の廃止に至っている。厚労省主導の「メタボ健診」では天下り財団のボロ儲けが報じられる（二〇〇八年六月三日『日刊ゲンダイ』）ほどだから、予防特需があるのか。

「あなたは正常値を超えている。治すにはこの薬を、と（いわれて）飲んできた。あれはなんだった？」

二〇一四年四月には「基準」の改定が発表された。国は医療費削減を狙い「健康度」の数値を変動させ「85センチ」も取り払い、高血圧の値も緩和した。

はしごを外されたのは、素直な国民と医師たちである。

3

「介護離職」は年間十万人

介護と無年金

さて、ほとんど報道はなかったが、二〇〇九年一〇月より国は年金からの住民税（非課税世帯は除く）の天引きを開始していた。こうして知らず知らずのうちに、もうひとつの天引きが加わった。導入の理由は「（納める側の）払う手間をなくしたいから」だが、「介護保険」も「後期高齢者医療制度」の保険料も同様の仕儀に、Aさん（七〇歳）はこう怒った。

「私は住民税を払うことで市民の意識が芽生えたといっていい。通知が来ると翌日には決まって払ってきたのですから」

「いまは健康保険料も介護保険料もすべてが天引きです。私の場合は国民年金の上限で一カ月勘定で約六万円、そこから一万円くらいが差っ引かれる。だから手取りは五万円を切っています」

というのはBさん（八二歳）だ。

保険料等の年金からの天引きを、全日本年金者組合の阿久津嘉子は、こう説明する。

「日本人は雇用で給与天引きに慣れてしまったが、天引きは財産権の問題。介護保険料は、年金総額（一年間）がわずか一八万円の人からも取っている。介護保険制度から始まった天引きです」

つまりは「(保険料など)引かれるもの」が上がっている。だから介護サービスの利用控えがあっても不思議でない。「後期高齢者医療制度」は、どうなったのか。自民党から民主党への政権交代では同制度の「見直し」が公約だったが、再びの自民党政権では話題にも上がらない。そんななか、二〇一四年には国民年金そのものの引き下げ実施があった。

こんな調査結果がある。

女性高齢者生活実態調査結果（二〇一二年二月〜四月）より。

対象＝年金者組合女性組合員一万八四八一人。

――家族構成＝ひとり暮らし二五%、夫婦だけ四一%、未婚の子ども、兄弟姉妹、親、孫などと同居は二〇%で、既婚の子ども家族との三世代世帯はわずか十一%である。年金は三四%が国民年金だけで、厚生年金受給者も低年金が多く、年金月額は無年金も合わせると一〇万円未満が四四・三%、一五万未満にすれば六六・二%である。家計負担では最大は食費。税金、保険料も大きく、特に介護保険料は年金からの天引きを含め四〇%のひとが「負担である」という。また医療費や薬代の高さも大きな負担になっている。

介護では、ひとり暮らしを想定すると、年金で入れる介護施設をたくさんつくってほしいと深刻な訴えが。また高齢者が抱える大きな悩みのひとつは子どものこと。それは子どもの収入が安定しない、失業して職がない、結婚しない、できないなど。子どもが将来無年金にならないか不安だと続く。住宅では古い家の修繕費が出せない悩みや低家賃の公共住宅入居を希望する。身体が不自由になるのに近くに店がなくなり、買い物が大変になった。高齢者の暮らしやすい町づくりを、と望む。

介護保険料は、制度のスタート時点では月々三〇〇〇円が相場だったが、いまや五〇〇〇円台になった。二〇二五年度には「全国平均は八〇〇〇円を超える見通し」という（厚労省老健局）。「介護保険料を払っているのに必要なサービスを受けられない」「介護サービスは所得に応じた応能負担に」といった声にどう応えるのか。

介護保険料は六五歳以上で滞納が急増する。

低所得者の受け皿は小さい。「だから介護保険料が支払えなくなれば生活保護へ、となれば介護保険制度自体が成り立たないことになる」と行政関係者が続ける。

無年金者の数は区分によって公表数字は動く。厚生年金では会社のすべてが加入していない。小企業では景気によって加入自体に影響を与えている。厚労省は推計で無年金者（見込み含む）を最大一一八万人（年金に関する資料、平成二三年五月）という。さらに埋もれた受給権者では、手続き日をうっかり失念のケースや「見落とした」ケース、社会保険事務所で「納付期間が短い」

とあっけなく追い返された人も多い。いまも昔も「行政は由らしむべし知らしむべからず」に気圧される。無年金者をつくってしまった公の責任はないのか。北欧の年金システムではスウェーデンの「オレンジレター」という手紙・通知の存在が知られるが、市井とお上との信頼関係が違うことの現れか、「消えた年金」でようやく始まった我が国の特別便を「市民革命だった」と皮肉る人もいた。

なにより年金所得のみの高齢者にとって、介護保険の保険料、利用料負担は大きい。さらに、支給年齢の引き上げと年金額減額というのだから、じっとしていられない。

また近年では、無年金になるケースは「在宅介護」の現場にあった。介護のために仕事に就けない人がいる。家族介護は無年金者や低年金者をつくることから、やるせない二重の悲劇になりかねない。介護者は気がつけば無年金者になるという貧困の連鎖が、ごく身近に存在する。国民皆年金は言葉だけか、「介護保険で家族の解放」は縁遠い。

「いまから死ぬってか。役所は、そんな申請を待っているのかと思う」

と、福祉事務所への相談から帰ったばかりの「在宅介護」の息子は、悔し涙をのんだ。

「介護離職」と介護報酬

無職で介護している人は二六六万人、働きながら介護する人は二九〇万人（二〇一三年七月総務省調べ）で、後者では「働き盛り」といわれる四〇代～五〇代が一七〇万人と六割を占め、男性はうち四割だ。男性の在宅介護者が増えている。

男女とも「介護休業制度」（要介護状態の家族一人につき九三日を上限とする休暇取得など）はあってもほとんど利用実績はない。我が国には、プライバシー（家庭の事情）を職場に持ち込むなという風土が依然として残っている。さらに兄弟姉妹の数が少ない、未婚率が高い、共稼ぎが一般的という時代のなかで、親の介護に際し誰がどうするか、男女の別を問わず一身で負担を引き受けることにもなる。若年介護者の問題も顕在化している。

要介護者等からみた主な介護者の続柄
（「平成 26 年版高齢社会白書」より）

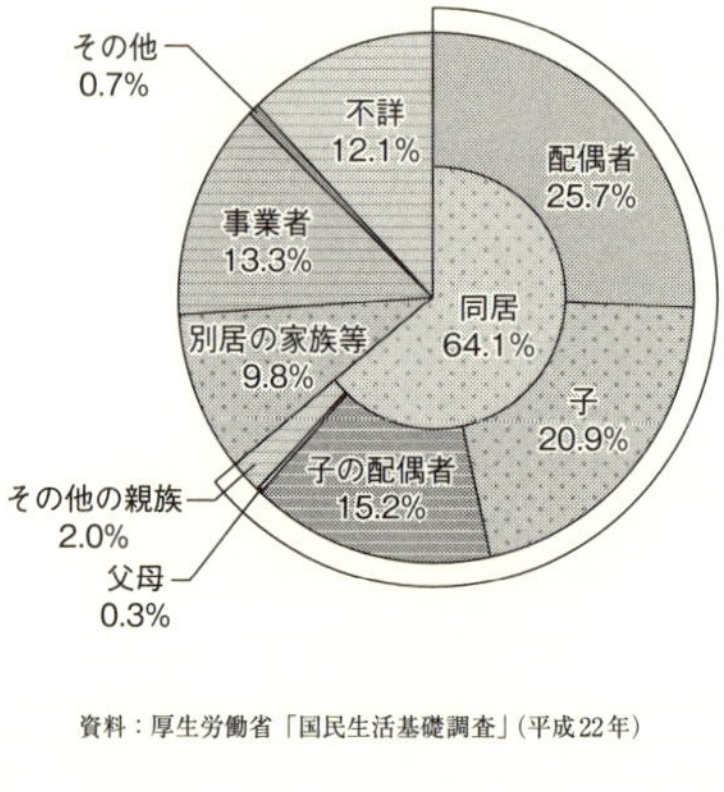

資料：厚生労働省「国民生活基礎調査」（平成22年）

なにしろ、介護は「先が見えない」そこには、多数の無年金者予備軍の存在があった。

皮肉にも「介護の社会化」を標榜する「介護保険」が始まった翌々年から五年間（二〇〇二年～二〇〇六年）だけでも、約五七万人が家族介護のため離職した（総務省調べ）。二〇〇二年で九万人だったのが二〇〇六年には十四万人、「介護離職」で無年金になる人が急増している。

「介護離職」は年々十万人が新たに生まれている勘定だ。公益財団法人家計経済研究所によれば、「未婚者の増加や頼れるきょうだいが身近にいないこと」が背景にあると分析する。さらに公益財団法人ダイヤ高齢社会研究財団調べ（二〇一三年二～六月）では「親の介護で

介護・看護を理由に離職・転職した人数
（「平成26年版高齢社会白書」より）

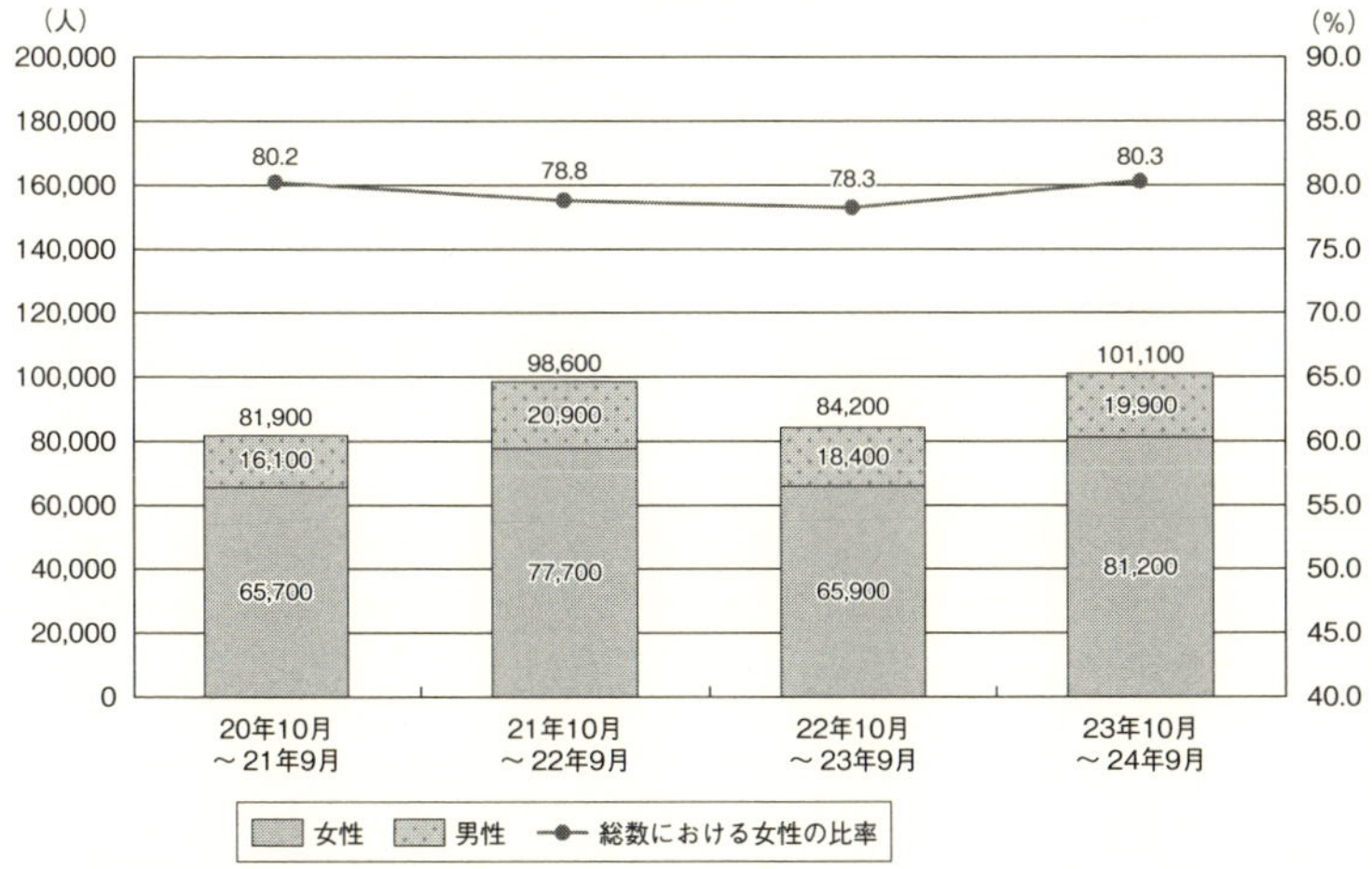

資料：総務省「就業構造基本調査」（平成24年）

一〇人に一人、離職の可能性が大きい」「五一歳から六〇歳までの管理職の半数余りが要介護状態かそうなるリスクを抱えた親がいる」。また親と同居している人の場合「四人に一人がその可能性が大きい」と報じた。

いたばし天秤の会代表の箭内敏夫（前出）は、「介護の社会化というが、介護の社会保険化になっただけ、税から保険に。省令は別に定めるというばかりだから、ザル法だ」と手厳しい。

介護をしている全国の五五七万人のうち六〇歳以上が約五割を占める。

家族介護は無年金者をつくらないか。「親の介護をしたら自分の年金がなかった」にならないか。介護疲れに拍車がかかる。無年金を自業自得だからと一笑にふすのなら介護保険がいう「介護の社会化」の看板が泣く。

我が国は、医療も介護も、報酬制度に依っている。

医療経営も介護事業もその周辺も、報酬頼みの収支構造は一緒だ。よって国策で医療費削減を目指すとき、てっとり早いのは報酬操作で「やっても儲からない」仕組みを数字で示す。そうすると、あとは業界が勝手に独り歩きする。

報酬減は介護打ち切りを意味している。だから家族の介護負担は大きくなる一方、という構図である。

また「医療保険はずし」といわれるものでは、リハビリでは急性期・回復期は主に医療保険、維持期は介護保険になるなど顕著だ。こうして診療報酬より介護報酬のほうが安上がり、という考えに沿うのだ。さらに「入院」に始まり「検査、画像診断、投薬、注射、処置及び手術」の点数を抑えれば医療費は安く済む。

この種の操作は法改定をせずに業界へ「通知」でできるから、長年「官僚の手の内」といわれてきた。結果として患者の受診抑制を誘い、介護労働も待遇改善もこの報酬によって左右される。医療は二年ごとに、介護は三年ごとに各々の報酬は改定される。一二年度は医療と介護の二つが重なった。

ここにきて社会福祉法人へのバッシングである。「内部留保」の額が大きすぎるというのを理由に、国は介護報酬引き下げを断行した（二〇一三〜一五年で二・九％引き下げ）。人材確保において一層の困難が現実となり、そこで「外国人を」「無資格者でも」を主張するのか。

介護報酬の増額は、保険料や利用料に跳ね返ってくるのが介護保険制度の仕組みだ。介護報酬とは、介護サービスを提供した介護事業者が対価として受け取る報酬の公定価格で、多くは介護事業で働く者の給与の原資になる。

介護職員の賃金水準は全産業平均の七割程度にとどまり、介護従事者の人材難が深刻化し、二〇〇九年度に初めて介護報酬は三％引き上げられた。それとは別に待遇改善を目的に総額四〇〇〇億円の交付金の給付が始まった。しかし、施設に勤める介護職員の離職率は一六・五％（平成二六年度介護労働実態調査、介護労働安定センター）である。さらに保険者には利用料と相まって保険料の改定もあった。

「都内半数の特別養護老人ホームで介護人材不足　報酬減額により八割以上の施設が人材不足への影響を懸念」（東京都社会福祉協議会、平成二七年一月五日発表）

施設からひとが去るのはなぜか。職員の給与が低いのはなぜか。

そもそも介護報酬の積算根拠がさっぱり示されていないのだ。

職員配置基準は入所者と介護・看護職員の比は3対1基準だが、現実は2対1基準を上回る。しかも個室ユニット型は2対1以下という指導のズレがある。公的介護保険が社会保険方式であるという設計上、それを「利用者負担で」と提示するには齟齬がある。「常勤換算方式」「介護報酬の仕組み」「給与水準の決定」など、措置から契約への移行とともに、福祉現場に損益計算の導入を求めた格好だ。

「医療機関も経営が厳しい。少々の地域加算があっても東京と地方は大きく違う。税が違う。物価が違う。人件費が違う。看護師なら地方によって東京の六割程度で済み、事務系は東京の半額が相場だから」。首都圏は「診療報酬だけではやっていけない」という。そこで差額ベッド代との図式が拡がった。ここにきて薬剤師不足も顕著で、大学の修学期間が四年から六年へ移行したことにより二年間は卒業生が出てこないという事情も加わった。ドラックストアのほうが給料はいいし、なにより仕事で「生命がかかっていない」というのが理由だが、「……看護師は診療報酬の改定のたびに人の動きが変わるといわれる。中小病院が人手不足になるばかりか、昨今では夜間は医師並みの待遇で一七時から翌九時まで三万〜三万五〇〇〇円を支払っている。医師になるには大学卒業まで私大では平均五〇〇〇万から六〇〇〇万円がかかり（入学金別）、お金がなければ自治医大か国公立へ進む。ライセンスの違いは給料差に歴然と出る。医師六年、看護師三年、かけた金が違うということですかね」（都内・中堅病院事務長）と。

「社会保障制度改革国民会議」（二〇一三年八月）の「最終報告書」に依れば、

① 保険外拡大　公的介護保険制度では特養待機が全国に四三万人（当時）いるが、それには触れず介護保険認定者五七一万人中およそ四分の一の一五四万人を「保険外に」という。それらは市区町村へ丸投げで終止符を打つ考えだ（現在は待機者数を五二万人に修正／厚労省）。

② 利用料引き上げ　「一定以上の所得者の利用料引き上げを」というもの。「介護度1、2の軽度者は特養から退所を」というから、現在ですら入れていない状況だが、これからは入る権利もな

くなる人が出てくることで「介護難民」になるかもしれない。また施設の居住費、食費の補足給付削減を実施するため、施設側からの経費未納者への退所要請も予測される。それは所得の少ない人向けの補助制度削減策であったが「在宅なら自分で支払っている」「貯金があるでしょう」「家があるでしょう」という。

③ 七〇歳以上の窓口負担一割を二割に　単純に一カ月一万五〇〇〇円が三万円になるというように自己負担は二倍になる。在宅と慢性疾患が特に大変だ。ひとは年金暮らしの七〇歳から病気にかかりやすくなる。ここでは大病院の紹介状なしの外来では一回一万円負担という案も浮上する。法律改定不要で厚労省通知は「実施可」であった。

「（介護保険の）保険料を払ってきたのに、いざ使おうとすると必要なサービスを受けられない」といった声は無視できない。多くの自治体ではいまや「介護保険」一色となり、その他の高齢者福祉そのものは後退した。独居、老夫婦、老人世帯と、世帯の変遷があるなかで、家族と同居する高齢者への生活援助のカットが始まっている。

また「医療制度改革関連法」では、こんな動きが。

国民健康保険法で現役並みの所得区分の高齢者の患者負担引き上げ（二〇〇六年一〇月より二割から三割へ）、療養病床入院高齢者の食費・居住費の自己負担（二〇〇六年一〇月から七〇歳以上、二〇〇八年四月から六五歳以上）、高額療養医療費制度の自己負担限度額引き上げ（二〇〇六年一〇月及び二〇〇八年四月から)、保険診療と保険外診療の併用ルールの改編、政府管掌健康保険の公法人化(二〇〇八年一〇月から、全国健康保険協会設立)と続いた。

そして二〇一四年度の診療報酬改定では、費用がかさむ重症患者の入院ベッド数を減らすかたわらで、症状が回復しつつある入院患者の受け入れ体制整備と在宅医療の充実を促進するという。病床再編の名で、看護体制7対1という最も手厚い報酬を受けている計約三六万床を抱える病院を減らすことが狙いだ。他に特定除外制度の廃止、在宅復帰率の導入、重症度・看護必要度の見直しなど説くが、「老人をみると割が合わない」との医療機関の反応を待っている。こうして国は、重度者ながらも在宅生活を強いていく。

要介護者が行き場を失うことにならないか、さまよう「介護難民」に本人と家族が哭いている。「保険証の下の平等」はどこへ消えるのか。「施設に入れない」ことの解決先は「お金」か「家族」か「制度」か。退院促進策で「入院から在宅へ」、維持期リハビリの医療保険はずしで「医療から介護へ」がへたへたと進行する。

認知症では精神科の病院を出ても「戻るところはない」

「誰だって、いつ虐待の加害者になるか分からない」

要介護七〇代後半の母と暮らす実娘四一歳は、先頃、介護を理由に長年勤めた会社を辞めた。

措置の効用

「身寄りなし、介護保険なし、障害年金なし」のケースがあるという。

「支援費制度」(二〇〇九年)以後、それらは措置によらなくなったため、その結果「ほったらかし」になった。理由は「申請がなかったから」と。

自治体の福祉担当者(都内)は、そう告白した。

先のケースの対象者では、実務は一般的に「障害者手帳」の有無で左右され、客観的には援助が必要ながら、「手帳」がない人は対象者になるかが議論となる。同様に高齢者ならば「高齢者では介護保険があるではないか」という壁に突き当たる。

では、行政における措置とは何か。それは「介護」「障害」の各制度や施策に繋がるまでのことで、繋がれば「解除」である。さらに継続の場合には、例えば「ゴミ屋敷」では「環境整備がまだだから」となる。措置とは市区町村が福祉サービスを必要とする人に行政処分として提供することを示す。

国の高齢福祉部門の措置サービス対象は、①特養、②ショートステイ、③デイケア、④訪問看護の四つで、肝心の措置ヘルプ事業がない。市区町村の一般財源で独自にやっている。しかし、我が国の福祉制度の根幹が措置から契約へ移行となったいま、具体的に現場ではどうしているのか。前出の担当者は、こう続けた。

「措置が決定され通知したとき、（対象宅から）大きなお世話といわれ解除の申し入れがあった。行政にとっては必要と思うからするのだが、この場合は保留のケースに。またヘルパーの自宅訪問を不法侵入だといわれることがないように、了解なしがあってはならない。措置であっても、確認のうえ措置で訪問しますと予め連絡をとりつけるから、措置も契約といえましょう」

この担当者は、良心的であった。

ところで介護保険導入時に提唱された自治体独自の付加サービスの「横出し」「上乗せ」はどうなったのか。それをすると保険料が上がるからということを理由にやらないとするのがおおかただが、一般財源のはず。また国の審議会で「（公的介護保険だけで）心配なひとは民間の介護保険に入ればいい」といった意見すら出る始末だ。

多くの自治体では、介護保険事業計画しかなく保健福祉計画のないところが多い（市区部は平成二四年で八割策定済み。町村部は四割。格差が大きい）が、そもそも保健福祉計画の一部が介護保険事業計画のはずだった。

福祉は契約の時代だというが、身近な「介護保険」ではどうか。

保険料の未納もなく認定も受け、介護度の結果も寄せられた。ただし、いざ施設入居を希望してもそれができないというから、国による債務不履行という指摘は正しい。

措置には大別して、①公務員がする場合、②委託する場合の二つがあると現場は説明する。①では、「介護保険」以降は民間任せになった。よって困難ケース（世帯）は「ウマミがない」（介護事業所）。②では、担うのは「地域包括支援センター」だが、対象は契約した人のみだから、そうでない人はどうなるか。

「契約外は手が出せません。昔は特養も措置だったのでスムーズに措置替えができたけど、いま特養は重度のみ。さらに契約だから、入れません」（ケースワーカー・首都圏）と顔をしかめる。

措置に契約（書）は不要だ。都内自治体の福祉担当は、

「デイサービスでも我々に現場は分からない。契約に繋げるのが目的です」

「虐待から介入が必要な世帯があり、なかには介護保険の契約をしている人が対象になることもあります。ひとり暮らし、認認介護、しかし成年後見制度に繋がっているかどうか、契約能力なしのケースもあって、私たちはその間のフォローが仕事といえましょう」

しかし、契約に乗れない高齢者を支える仕組みこそが大切だ。

措置の時代を体験的に知る公務員が少なくなった。制度自体を知らずに措置そのものを「悪者」

と思っているから、どういうときに措置を発動するか分からない。「特養保護」は知っているものの、仕組みを知らない、現場も知らない、措置を知らない、そんな行政マンが出現している。公的責任の下、〝すべきことをするだけ〟が措置である。例えれば「一年に一度も医療機関への受診をしていない高齢者への訪問が必要」ということだ。

今日もまた厳しいひとり暮らしを続ける対象者宅を訪問した民生委員が、こう嘆く。

「……措置でも契約でもいい。それで助かるなら」

有無をいわせないのが措置ではない。たじろぐことはない。行政が公的責任としてすべきことをするだけのことだ。繰り返すが、措置とは行政処分である。

「孤立死」の前に無縁介護があり、無縁介護の前に貧困と孤立があった。

「アウトリーチ」という言葉がある。「接近困難者」へのアプローチで当事者並びに周囲からの要請の有無を問わないケースワークのひとつで、それは見えない福祉ニーズへの事前の把握・接近・着手といわれ、換言すれば「後手にまわらない」ということだ。

「ひとりで死んでも孤独じゃない」、それを「死生観」と呼ぶひともいる。矢部武が著書『ひとりで死んでも孤独じゃない』で紹介する「ひとりで死んでも孤独じゃない米国」では、自立（観）を支える社会的ネットワークが存在するが、我が国の福祉はどうか。

長い間、家族と企業に委ねて乗り切ろうと、政治の論理から終身雇用に裏付けられる「家族福祉」「企業福利」は国の代行業務だったが、少子高齢時代到来を前に、公的介護保険制度の導入で「家族の介護」から「介護の社会化」への転換、ということだった。

とはいえ、保険制度ゆえの限られたサービスだから、ニーズにはほど遠い「社会化」だった。もともと「保険」とは、謳われたサービス内容を双方が対等に了解した契約により、初めて成り立つが、サービスを得るためにはお金がかかる。国策である契約イコール公的介護保険は、選べない代物だった。

4 生活圏イコール生活権

生活圏・暮らし・アクセス

断っておくが、「圏」と「権」である。

公的介護施設の存在は、いわば生活圏における生活権の保障のひとつということだ。

杉並区（東京都）では伊豆に自区の介護施設をつくると話題になった。しかし「住み慣れたところ」の要件を満たさない。避暑に行くのではない。それは生活の場の大移動であり「生活圏は半径五〇〇メートル」からすれば論外の話で、さらに高齢になっての居住の移動はリスクが大きいというのは、いまや常識になった。家族も遠方のため訪ねる機会が減るだろうことは予測できる。

自治体は、住民の生活権保障に、「施設」など必要な物理的受け皿をその生活圏に充てなくてはならない義務がある。でなければ震災地のひとびとに向かって「どこか別のところで暮らせばいい」というのと同様の主張になるのだ。

「アクセス」とは、利用しやすいかどうかの使い勝手である。

かつて「医療過疎」（病院がない、医師がいない）で「医療難民」が話題になったが、日常の生活圏に医療と介護の用意があるかどうか。医療ならば医療圏、介護ならば介護圏だが、我が国には医療圏はあるが介護圏はない。では「医療過疎」のように「介護過疎」はないのか。「医師をつくると医療費が増える」と医師養成を抑制するように、「介護士が増えれば介護費が増える」「介護施設をつくれば介護費が増える」というのだろうか。

医療圏は1次から3次までと細分化される（日常医療に関する1次医療圏は原則市区町村単位。2次医療圏とは地域の一体性などを踏まえ入院医療体制を整備する際の単位となる地域で医療法に基づき都道府県が設定する。専門性の高い医療などを整備する3次医療圏は一般的に都道府県単位）が、その内容に近年動きがある。急速な高齢化で、医療は「病院完結型から地域完結型」に変わったと急性期を中心に人的・物的資源を集中させ、入院期間を減らして早期の家庭復帰を実現するとともに、受け皿となる地域の病床や「在宅介護」を充実させていく必要があるという。つまり「病院から在宅介護へ」の提言だ。

医療圏自体は「その圏域で完結させたい」というものだが、一方の介護圏はどうか。「完結させたい」（医療）と比較すると、それが危うい介護では「だったら土地の安い地方にホームをつくろう」といったことにも。現物給付の医療、現金給付の介護から、両者に差異が出た。

医療行為それ自体は基本的に「金があろうとなかろうとするもの」だが、介護もまた福祉が措置の時代では必要な人には必要なサービスをというルールがあった。そのために東京都では人の確保にかつて行政が低廉な福祉職員の賃金を「一般並み」に補填している。

「都内の療養型病床では経費が平均一カ月四〇万円かかるので山梨へ行こうとなった。二〇万円で済む。なにしろ人件費、建物代が違うから」(在宅医療クリニック医師)

「在宅」での「看取り」を増やそうとする医療費適正化計画とは、外部から医療も介護も出前するというもので、病床削減によって居住施設へと促すため、自宅、ケアハウス、有料老人ホーム、「高専賃(高齢者専用賃貸住宅/国交省+厚労省の共管)」などが対象になる。

国は「看取り加算」という経済誘導策で、施設建設は「サ高住(サービス付高齢者住宅)」へとシフトした。「サ高住」には国からの建設費補助があり、賃貸住宅なので建設業者らが土地活用として参入、二〇一一年からスタートし現在は全国で約一八万戸を数える(二〇一五年一〇月現在)。二〇〇五年に「高専賃」が先行したが、その後に国策は「サ高住」へと変化していく。しかし「サ高住」には原則として医師も看護師もいないから、なかの職員による「見守り」だけの関係だ。だから介護度が重くなると退去せねばならない。

「在宅」=自宅にあらずの考えは、これら「施設」へと療養の場を移す。しかし「サ高住」は住居とケアの分離型であり、福祉サービスは「外付け(外部委託)」が原則ゆえ業者による囲い込みが当初から予測されていた(「業者を選べない」)。

病床数規制や専門医規制は、地域ごと、事業ごとで患者数を推計して設定する。その病床数は医療圏で決めている。ただし規制で新しい病院はつくれないから「ベッド数が足りているところはダメ、足りないところもダメ」という状態である。

「在宅介護」への全面移行は不可能で、本人の状態や家族の都合など利用者の必要に応じ「在宅」と「施設」（病院）が往来できる関係性の確保はいうまでもない。

「地域包括ケアシステム」

そこで登場したのが、二〇一二年度の介護保険改定の目玉となった「切れ目ないサービスの提供」が合言葉の「地域包括ケアシステム」というものだ。

その機能の中心を担うのが地域包括支援センターで「中学校区に一カ所、人口二万人の生活圏ごと」と定義する。ただし、そのことと縦割りの行政サービスのままでは「二四時間訪問サービス」の提供へは繋がらない。また同センターの役割のひとつに地域の虐待防止を謳うも「人員不足から手が回らない」の二の舞いが当初から心配される。厚労省は「自宅はテレビ電話でみんなに守られて暮らす」という五つの柱（住まい＋医療＋介護＋予防＋生活支援）でと説くが、そのすべては暮らしそのもので、相互に、横断的に機能するかどうか。「包括」の含意とはそうしたと

「地域包括ケアシステム」

在宅系サービス

・訪問介護・訪問看護
・通所介護
・小規模多機能型居宅介護
・短期入所生活介護
・24時間対応の訪問サービス
・複合型サービス
（小規模多機能型居宅介護
＋訪問看護）等

介護予防サービス

施設・居住サービス

・介護老人福祉施設
・介護老人保健施設
・認知症共同生活介護
・特定施設入所者生活介護

日常の医療

・かかりつけ医
・地域の連携病院、薬局

病院

・急性期、回復期、慢性期

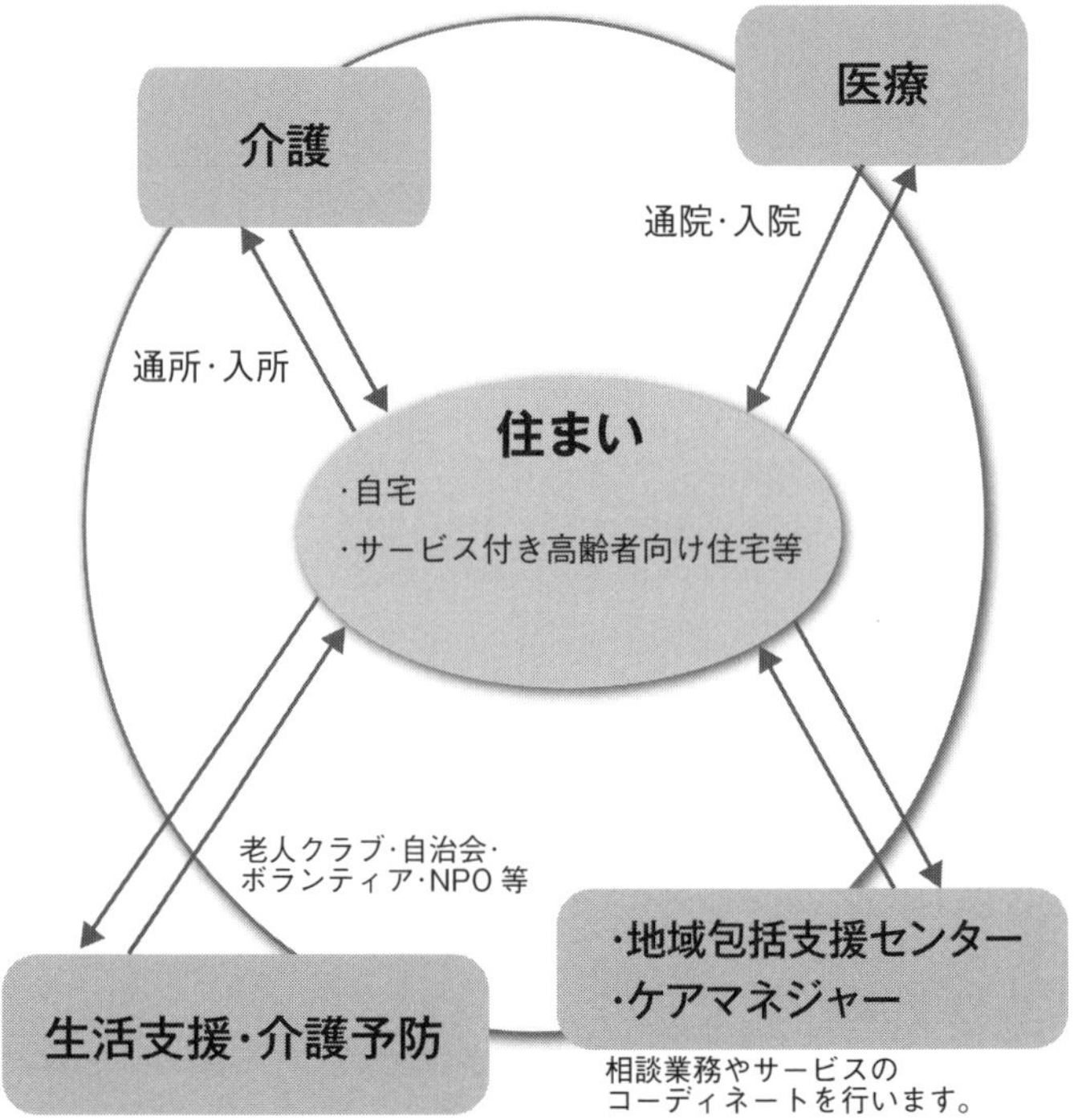

※地域包括ケアシステムは、概ね30分以内に必要なサービスが提供される日常生活圏域（具体的には中学校区）を単位として認定。

ころにあるのではないか。

要介護になっても住み慣れたところで生活できる仕組みづくり、という。「そのためにもデリバリー方式が包括支援センターの柱であるべきだ」という声が届いている。

「虐待が行われた家庭状況をみると、一人親家庭、経済的困難、親族、近隣からの孤立、夫婦間不和、育児疲れが顕著だが、貧困と孤立に大きく集中している」と、十年ほど前に東京都福祉保健局が児童虐待の実態を発表している（二〇〇五年）が、いまの高齢者事情とほとんど変わらない。

介護に格差があってはならない。包括支援センターは市区町村が主体となって「在宅医療」に力点を置き、NPOやボランティアも参加することを目指すという。しかし首都圏に顕著なように、医師をはじめ医療従事者、介護福祉士など福祉関係者が大幅に不足しているため「在宅医療」「地域完結」も名ばかりになりかねない。「住み慣れた自宅で最期まで過ごす」は、高齢者医療を市区町村へ責任転嫁しているにすぎないのか。入院したくてもできない膨大な「医療難民」の存在を前に、そして結果として介護だけでなく看護も家族負担で担うことが求められるのではないかと懸念される。

地域包括支援センターは、二〇〇六年度（平成一八年度）の介護保険法改定で制度化された。市区町村が運営主体者で、介護予防ケアマネジメント事業、総合相談・支援事業、権利擁護事業

（虐待防止含む）、包括的・継続的マネジメント事業の四つを地域で一体的に取り組むとし、専門職三職種を配し（保健師等、社会福祉士、主任ケアマネジャー）、高齢者人口三〇〇〇〜六〇〇〇人に各一人を常駐・専任で配置することになっている。

二〇一〇年四月時点で全国四〇六五カ所設置されたが、それは全国で約一万カ所ある中学校区数の半数以下でしかない。整備目標の、中学校区に一カ所設置が遅れている。「設置根拠を老人福祉法や社会福祉法に明記し介護保険制度の枠を超えた自治体の責任と機能を抜本的に強化することが不可欠」（日下部雅喜、『ゆたかなくらし』二〇一一年六・七月合併号）の指摘がある。

「日常生活圏域」という言葉がある。概ね三〇分以内にサービスが提供される範囲を基本とし、地理的条件、人口、交通事情、社会的条件、介護施設の整備状況を勘案して市区町村が設定し、その圏域は地域包括ケアシステムを構築する単位を想定している。

ところが、「地域包括ケアシステム」に特養（特別養護老人ホーム）が位置づけられていないのはなぜか。同システムの理念に沿えば、特養機能を活かさずに地域包括ケアシステムは成立しない。一つの中学校区に一つの特養が中心となり、地域状況を把握し、老人世帯や独居の見守りを行うのがいい。地域包括支援センターは中学校区という。「見知った街」「見知った人」があることが老いの暮らしで大切ならば、単位はむしろ小学校区ではないか。中学校区の実態について、多くの民生委員は「範囲が広すぎて把握はできない」と正直に告白した。

「医療・介護総合確保推進法」（平成二六年）に基づいて厚労省は、その医療介護サービス確保のため、都道府県は「2次医療圏」及び「老人福祉圏域」を、市区町村は「日常生活圏域」を念頭に整備計画を進めるという。

きめの細かい「圏域設定」と「切れ目のないサービス提供体制」は、セットで行政の急務施策である。

5

漂流する介護

「保養地型特養」

本書の主題は「在宅」である。

だが、ここで介護を「もうひとつの自宅で」と追いやるさまを見てみよう。

「静岡のサービスを受けるのか、それとも東京か」

医療介護の費用負担をめぐって、ひと悶着となった。

そもそも絶対的に施設不足が原因だから国の責任はないのか。

二〇一三年、前述の東京都杉並区が「待機者解消」（特別養護老人ホーム入居）のために、静岡県伊豆に地元と協同事業で進めている特養の設置が紛糾した。二〇一六年度開設予定で「保養地型特養」という。杉並区は約二〇〇〇人の待機者（二〇一三年当時）問題の解決に、一方で地元の南伊豆町は雇用と経済効果に期待をかけ、双方ともに「歓迎している」と報じられた。国は「自治体間連携」の先駆的モデルといい、定員一〇〇人、うち五〇人が同区内から入居を予定している。

それにしても、と思う。

なぜ杉並区の特養が「伊豆」なのか!? 老いの住まいは、できることならば慣れ親しんだ土地、見知った人のいるところがいいとされ、老いてのちの移動は当事者にとってリスクが大きいことが知られる。

重度の要介護者はどこで暮らそうと同じだ、というのか。もともと都内の地代が高いのが地方設置の理由だが、さりとて見知らぬところを生活の場と誰が決定できよう。

「ここは楢山節考か」。高齢者の住まいは合宿所ではないし、海水浴をするためにあるわけでもない。観光や湯治でもなく、ましてや山村留学ではないのだ!

かつて「金の卵」「銀の卵」ともてはやされて地方から都会へ就職列車に揺られ向かった人たちがいる。そこに「暮らし」「営み」、やがて老いたときに見知らぬところへの転居を強いられている。人々は、たじろぐのか、途方にくれるのか、それとも黙って運命に身を委ねるのだろうか。ホーム誘致の推進では「地域活性化」を称するが、「片道数時間をかけて、そこに家族や子どもたちは果たして来てくれるでしょうか」(都内・介護事業者)

報道には、肝心の高齢者本人によるコメントはなかった。

老いの住まいは「住み慣れたところがいい」というのが定番だ。だから介護施設の存在は、生活圏における生活権の保障の第一歩。ハードもソフトも、人間も。

このことでは「たまゆら火災」(二〇〇九年三月一九日、群馬県渋川市「静養ホームたまゆら」

一〇人死亡）が想起される。入居者の大半が東京からの移住者で、首都圏の行政福祉部門から入居依頼のあった人たち（生活保護受給者）が火事の犠牲者となった。入居時には「（受け皿として）助かっている」（都内・ケースワーカー）の声が聞かれたことは記憶に新しい。

障害者施設は郊外建築がほとんどであることが問題のように、一部の首都圏自治体が進める、建設費用の安さを理由に地方に自前の高齢者福祉施設を用意するというのも問題である。ともに「住み慣れたところ」という条件には合っていない。

高齢者の「生活圏」と「生活権」が、揺れている。同時にそのことと厚労省が進める「地域包括ケアシステム」とは、どう整合性をもつことになるのか?!

自治体間の交流といっても、当人にとっては環境が変わるだけで済むことか。

自己決定とはいえ、周囲の空気を読んで「私、行ってもいいから」にならないか。

また「地域活性化」という企業誘致的発想は、当事者にとって「尊厳ある選択」の結果といえるのか。地方にとっては企業誘致が困難な昨今、介護施設誘致はその代替としての「もの」であろうか。

もとより首都圏での施設不足からくる待機が課題であった。

現在五〇〇人の待機者がいる豊島区でも、二〇一五年末から区外特養設置へ調査を開始している。ここでも区内での用地確保困難を理由としている。東京都の六五歳以上の人口は二〇四〇年には四〇〇万人に膨らみ、高齢者の四人に一人はひとり暮らしになると予測している。いま都内の特養ホーム待機者は四万三〇〇〇人といわれる。

我が国の高齢者世帯は一一六一万四〇〇〇世帯（六五歳以上・夫婦及びひとり暮らし、一八歳未満の未婚子との同居含む／国民生活基礎調査、平成二五年厚労省）で、これは「過去最多」と報じられている。それは全世帯数の二三・二％を占め、夫婦だけで暮らす世帯が五五一万三〇〇〇世帯で高齢者世帯の四七・五％、女性のひとり暮らしが四〇七万一〇〇〇世帯で三五％、男性のひとり暮らしは一六五万九〇〇〇世帯で一四・三％であった。ひとり暮らし高齢男性の「社会的孤立」はシリアスだ。それは「二週間で会話一回以下は一六・七％」と伝えられる。

先の杉並区では「待機児童ゼロも困難」と発表した（二〇一四年二月一日）。理由は「出生数の増加などで」「都心部は新設のための用地確保が難しく、公用地の無償借り受けなど、国や都にも協力を求めたい」というが、ここは保育所も入れない。「子ども」も「老後」も保障されていないのだ。

「サ高住」と「お泊りデイ」

「……そもそも我が国の介護に関する費用は医療費によっていて、増えつづける医療費の削減を計算することから、治療が終わったら医療ではなく生活領域であると、患者に対して早々の退院を求めてきました。しかし病気は軽くても生活に対応できるかできないは別問題というのが現場で、介護度の1や2は手がかからないのか！　歩ける歩けないは、どうか。認知症が顕著だが歩けるから介護が大変なのが一般的であることに、多くの説明は要しないでしょう」。白十字ホーム（東京）施設長の西岡修は、そう語る。

特養入居者は現在も八割は「介護度3以上」だが、特養経営は介護度が軽くなると収入減になる報酬上の構造がある。

では、軽度の人はどこへ行くのか。

国は近年建設ラッシュのサービス付き高齢者住宅（サ高住）へと誘導するが、そこに福祉サービスはない。一般には「外付け」といわれる外部サービスを利用するので、特養と違って施設内で必要なサービスが受けられず、そうしたスタッフもいない。施設側には責任をとる人は誰もいない。いわば「間貸し」と変わらない。特養の費用は、現行のユニット型で一一～一二万円（一カ月）、相部屋で八万円（同）が相場だが、「サ高住」では一五～二〇万（同）かかる勘定だ。こうして要介護1や2の「軽い人々は行き場がない」ことになり、むしろ同施策によって症状の重度化が懸念される。

また、「お泊りデイ」と呼ぶ介護保険の通所介護（デイサービス）の利用延長＋宿泊をセットにするものも登場した。

それは一部の介護家庭にとっては福音のようだが、東京都調べ（二〇一三年三月）では、半数が基準面積に満たず、四分の一は男女別に部屋が分かれていないことが判明した。また「お泊りデイ」は介護保険対象外のため、運営に基準がなく自治体への届け出義務もないことで「（お泊りデイで）もう二年住んでいる」人もいた。東京都は任意届け出制を導入し、その結果、三七五事業所中一八六事業所で面積基準を満たしていないなどが分かった。都は、国に対して法整備を求めた。デイサービスの利用時間拡大の最たるものが「お泊りデイ」だが、自宅で介護を受ける人が施設に通うデイサービスの利用時間が現在の一日九時間から十二時間へと延長する方針を厚労省が出した。仕事と介護の両立の家族負担軽減が理由といい、ここまでは介護報酬の枠内で、となる（これ以上は全額自己負担）。その「お泊りデイ」は、前述のように当初はサービス延長利用の介護報酬の対象だったが、その後（二〇一五年四月から）デイサービス施設に宿泊させるのは「介護保険」の対象外で、施設側の自主サービスとなった。短期入所（ショートステイ）が不足していることもあり需要は多い。こうなったらデイの拡大というより居住空間と呼ぶに相応しい。

旧知のケースワーカー（首都圏・自治体）が、こんな話をする。

「お泊りデイではターミナル（終末期）の方も多いのです。だからデイで亡くなる。ただしそこは居宅ではないから居宅サービスの利用はできない。そこで死ぬのか、いま在宅高齢者が追い詰められています」

待機は、バリア

「待機」という名のバリア（壁）があった。そもそもバリアフリーとは壁を取り払うことだが、手すり、段差、エスカレーター設置ばかりではない。「住まい」そのものもライフラインのひとつであり、なにより施設とは収容の場所ではなく生活の場所だ。電気、ガス、水道があっても「家」がなくては話にならない。「ハードが駄目ならソフトで」「ソフトが駄目ならハードで」というがどうか。

福祉関係者の間では、長い間こう語られていた。「福祉は住の問題が解決できたら七割は終わったようなものだ」。つまりは、施設とは学校や学校と並ぶ地域における社会資源だった。「明日にでも入居させて」に対して「あと数年お待ちください」の施設待機事情に変わり、とうとう「待機者家族会」も生まれる事態となった。全国老人ホーム施設長アンケート結果（速報版二〇一〇年一一月一一日、老福連〔21世紀・老人福祉の向上をめざす施設連絡会〕・全国老人ホーム施設長一六三八人の本音）でも、待機問題にこんな声が寄せられていた。

「入所必至の人が施設不足のために入所不能になっている現状（極度の不公平状況）に対する国の責任をどう問うのか」（北海道・特養）

「直接契約のため、入所できない家族の苛立ちからくる不平不満・苦情は行政に届かず施設に来ます。このため、行政は待機者の悲惨な状況を実感できず、深刻に受け止めていないきらいがあります。こんなところにも施設整備が積極的に図れない要因となっていると思うのですが」（群馬・特養）

「必要なサービスを必要なだけ使えない、使いたいときに使えない、保険料はずっと払っていても、とても保険とはいえない制度です。特養にいますが、入居申し込みに来られた方に待機者数をお話しすると、もうあなたにお会いすることはないですね、と言われ、相談員がショックを受けています。介護のために殺人まで犯してしまうような制度は本当にひどい制度です」（石川・

特養）

「いのちを報酬で釣るやり方です。介護報酬は施設側にとって生命線。ですから、良心的なところほど、なんらかの加算がとれなかったら人を雇えないのが実際です」（首都圏・特養施設長）

家族、介護者の有無にかかわらず、社会的に支えるものとして公的介護保険は発足したはずで、だからこそ保険料も世帯単位でなく一人ひとり、個人単位の負担となった経緯がある。あれから十余年、そこには「介護の社会化」より「給付の効率性」と「制度の持続性」という言葉だけが残った。「待機」は悲劇を促す。単身ばかりでない。共倒れは、老夫婦や親子など世帯単位に及ぶ。待機にさまよう間に「孤独死」がないと誰も断言できない。

重度の要介護状態での在宅生活、特に特養入居の待機は、のっぴきならない。

首都圏に住む男性Aさん（五七歳）は、目を真っ赤にしている。「同居の母の認知症が進んで昼夜逆転。特養入居も早々に申し込んだけど、どこもかしこも数百人待ちが当たり前で、二～三年待つのが相場といわれて。ましてや母のような症状になると（入れるところは）さらに難しく、体力に自信のある私も近頃では寝不足で。これがいったいいつまで続くかと思うと……」。Aさんは、母のためにすでに「介護離職」をしていた。特養（特別養護老人ホーム）にしろ、老健（老人保健施設）にしろ、施設の空き状況は自分で調べないと分からない。たとえ熱心なケアマネジャーとて、現在の「空き」の把握は難しい。待機から共倒れもある。負の連鎖は一刻も早く止めなくてはならない。「孤独死ゼロ」の前に「待機老人ゼロ」が急務といえる。

少子高齢時代の到来によって、「待機児童」と「待機老人」の問題が浮上してきた。国策では、子どもには「未来があるもの」と少なからず投資し、高齢者は「枯れ木に水はやらない」という施政者の本音が広く浸透している。身近な自治体レベルでは、「保育園か特養か」という競い合いになっている始末だ。

二〇一三年一〇月現在で全国の特養待機は五二万三五八四人（厚労省）、前回調べの〇九年度の四二万一二五九人から約一〇万人増。自宅待機者数は二五万七九三四人、うち要介護度4及び5は八万六〇五一人で前回比三割増、特に都市部に顕著と報じられた。一方で介護老人保健施設など、他の施設での特養待機は二六万三七五四人というから、自宅と施設でおよそ半数ずつの人が特養への待機者ということになる。特養は全国に約七五〇〇施設、都市部を中心に入居できずにいる全国待機者は約五二万人（前記）だが、厚労省はその前から要介護度や家族状況をふまえ必要性が高い申込者を優先するよう求めた結果、一一年度時点ですでに平均要介護度は「3・89」と中重度者が多くなっていた。

厚労省は全国四万三一八四人の待機児童（認可保育所）が存在すると発表した（二〇一五年一〇月時点）。同じ頃に杉並区を皮切りに大田区、足立区、中野区、渋谷区、さいたま市、東大阪市で続々と親が集団で自治体を訴えていた。ママたちの訴えは、行政不服審査法に基づく異議申し立てだった。東京都は、待機児童数は過去最高の八六七二人と発表している（二〇一四年四月一日現在）。また都では学童保育でも待機児童が一六五〇人という。放課後に小学生を預かる学童保育に入れない子も多いことが分かる（全国学童保育連絡協議会調べ、同年五月一日現在）。

親がやむなく退職となれば「介護離職」と並ぶ保育離職だから、公的責任が問われる。保育園を卒園し小学校に入学する全国児童四六万人に対して七割の約三二万人の新一年生が学童保育に入所するから、待機の連続は終わらない。多くの自治体は「待機児童ゼロ作戦」など標榜するが、こちらも追いつかない。

少子高齢化対策がどんなに機能不全かを示すにはとても分かりやすい。数字だけ見れば「待機老人」は「待機児童」のざっと一〇倍だ。虐待六万件に児童相談所の拡充が急務のように、高齢者施設の拡充も「待ったなし」である。

『『ベッドが空いた』の報せはおおかた入居者の死を意味するだけに易々とその日を占うことなど到底できません。ましてや特養の絶対的な不足という公的な責任を放棄しておいて、年金暮らしに有料老人ホームやサービス付高齢者住宅への誘導など、なんのための保険制度なんだと（特養待機の家庭から）、私が叱られています」（前出・ケースワーカー）

国は「見守り」には金を出さないが、「看取り」には「加算」（報酬）といい、「施設から在宅へ」というそばから、公的介護保険下の在宅サービス提供時間の区分見直しで、訪問サービス（生活援助）の縮小を求めている。厚労省の担当は「六〇分で一日五件を、四五分ならば六件以上回れるはず」と説いた。

家族介護の限界からは、放棄や虐待の事実も伝えられる。家庭で高齢者を日常的に介護するなかで虐待に至った人のうち、六割を超える人は協力者のないままひとりで介護にあたっていたことが、朝日新聞社と日本高齢者虐待防止学会による自治体調査で分かった。同調査に依れば四人に三人は介護の疲れや悩みを抱えていた。高齢者を虐待した人の全体でみると、半数に経済的な困窮がみられた。

待機数とは、その国の社会保障をみるバリア度合の一指標であり、我が国の少子高齢化対策がいかに脆弱かを示している。

増える「待機老人」と介護士不足、増える「待機児童」と保育士不足、である。

「やるべきことをやらなかった」は、予見できたのに注意義務を怠ったということで、かつて薬害エイズを防げなかった厚生官僚は不作為の罪で逮捕されたが、ここでも行政の「未必の故意」はないのか。

「入りたいけど入れない」は、何を意味するのか。

一〇年後には全世帯の四割が高齢者世帯となり、七割が独居か老夫婦世帯という我が国にあって、危うい介護サービスしか提供されないまま「自助」を押し付けていては国家としてあまりに無責任である。「子育て難民」が許されないように「介護難民」もあってはならない。「公助」がセーフティネットとしてしっかり機能したうえで「自助」があるのが社会のシステムとして自然である。そもそも公的施設とは学校と並ぶ地域における社会資源のはずである。「持続可能な社会」というのならば、幼児から高齢者まで「切れ目のない」キメの細かい福祉サービスの提供を目指すべきである。

ヨーロッパでの仕事が長かったAさんは、母への介護の手を休め、最後にこう語るのだ。

「次には、街なかの、あの特養ホームのカフェテリアで待ち合わせがいいですね」

在宅主義の矜持

「在宅にはたくさんの手助けが必要です。それで、特養を探した。そこは三〇〇人が待機でダメ。続いて民間（有料老人ホーム）を探した。夫婦二人で一カ月三〇万円以上といわれた。年金収入だけでは到底足りなくてダメ。二人で二〇万円以内は地方、ただし二人はバラバラ入居になります」

と、肩を落とすのは都内在住の夫婦ともに八〇代の老夫婦だ。

「ハードがなければソフトでやればいい」

その言葉を聞いたのは、三〇年も前のことだった。

「すこやか住まい助成制度」(昭和五〇年代)で知られる中里喜一区長(当時・東京江戸川区)は、区の職員にゲキを飛ばした。

施設建設は膨大な資金が必要になる。なかでも都内二三区となれば特養ひとつ建てるだけで少なくとも土地代だけで数億円を用意しなくてはならない。そこで「在宅福祉」への転換を確かなものにするため、きめ細かな在宅サービス展開をというのが、中里の考えだった。


「雨が降っても長靴を履かなくても済む街づくり」が中里の公約で、「江戸川区民は、老後も江戸川で」と、独自の在宅サービスを展開した。そして平成一二年の「住んでみたい街ナンバーワン」(産経新聞)で、同区は高い評価を受けていた。

「……中里区長は昭和六二年九月、全国の自治体に先駆けて、痴呆性(ママ)熟年者通所施設「くつろぎの間」を特別養護老人ホーム「なぎさ和楽苑」の施設内に開設した。(略)福祉部長に、これまでは寝たきりになった場合が最も困った事態だったが、これからは痴呆症が加わる。寝たきりと痴呆症に対して、役所は可能な限りの対策を講じなければならん。そのためには予算のバランスを崩すことも辞さない。役所の中で考えているだけでは問題は解決しない。部を挙げて各町内を回って、実態把握に努めるんだ。二四時間介護相談電話に満足していないで、町へ出て直接、困っている家族と接するんだと、ハッパをかけ続けた」（『地方行政の達人』小久保晴行、イースト・プレス）。

のちに「ショートステイ」と呼ばれる、特養での短期入所制度（公的介護保険制度）を開始した。平成三年四月、まだ「介護保険」の始まる一〇年も前のことだ。「江戸川区では、特別養護老人ホームの入居者一人に月額三五万円をかけている。それと同様の障害を持ちながら自宅で暮らす区民には同じ費用をかけて当然、という考えである」（同書）

中里の、こんな話も残る。

「……江戸川区で生活し、暮らしている人には、江戸川区で老後を過ごしてもらいたい。家族と離れ、遠いホームで淋しい思いをしながら人生最後の何年かを過ごす区民が一人もいないようにしたい。そのためには、いくつホームがあればよいのか。どう見通しを立てるべきか。いろいろ難しいだろうが、江戸川区民はたとえ寝たきりとなって特養ホームに入るにしても、江戸川区内のホームで、を目標にしたい。そして実現したい。来年再来年とベッド数を増やすのもそのためだ。再来年以降も着実に増設していきたい」

そして、いま。

「このゆびとまれ」の「富山型デイサービス」（富山県）では、障害者や子ども、高齢者を区別せず一緒に預かる方式で全国に知られる。都内初、江戸川区でも平成二六年四月からそうした事業（「あったかハウス」福祉推進課）が始まった。

「待機で死んでいたら誰が下手人《げしゅにん》かですよ。救急医療はあるけど、無理やりの在宅と希望の在宅は在宅の質がまったく違うのですから」（首都圏のある介護事業者）

いつだって首長の矜持が試されていた。

6

ヘルパー日誌

単身化と「在宅介護」の現場から

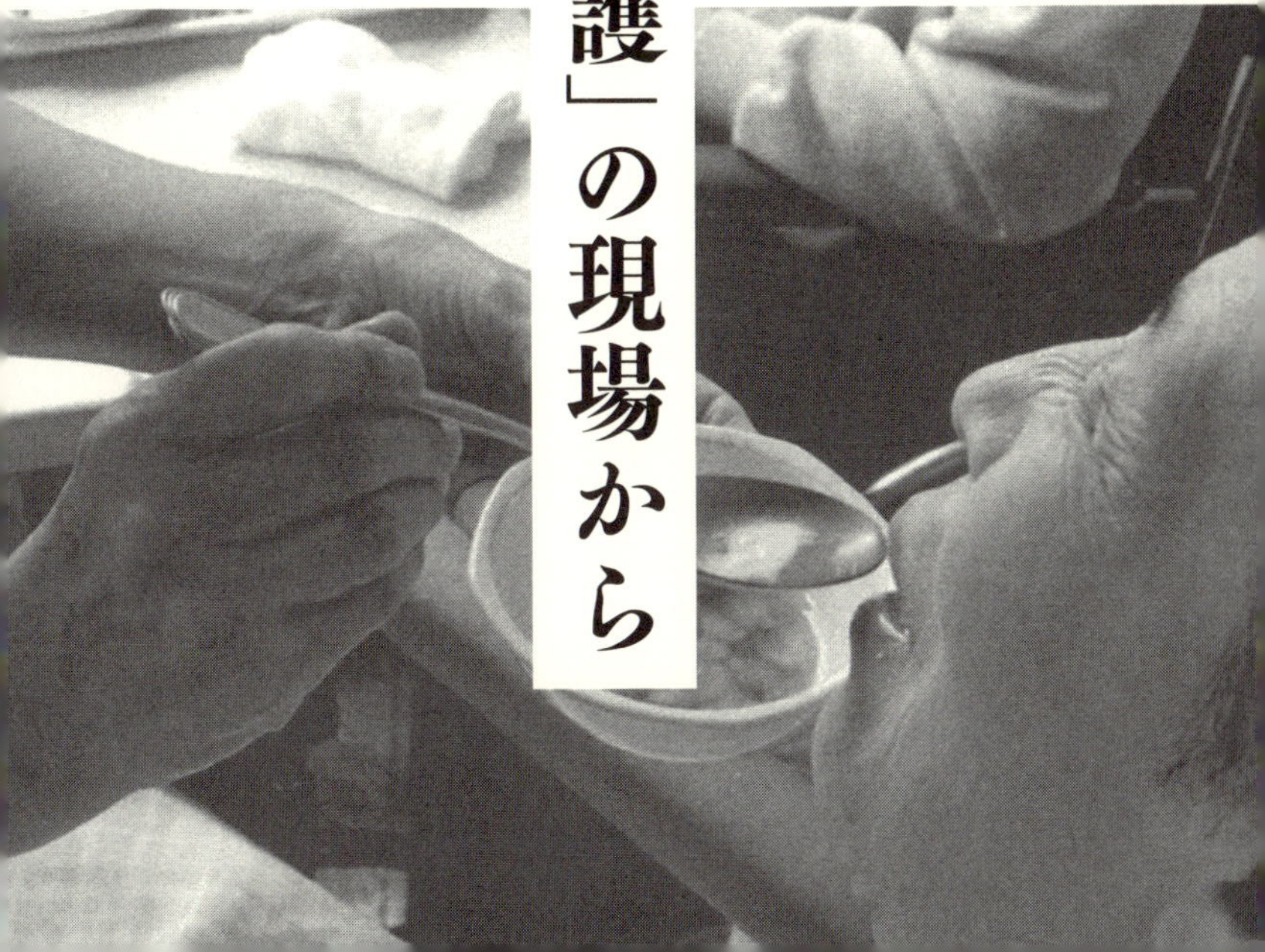

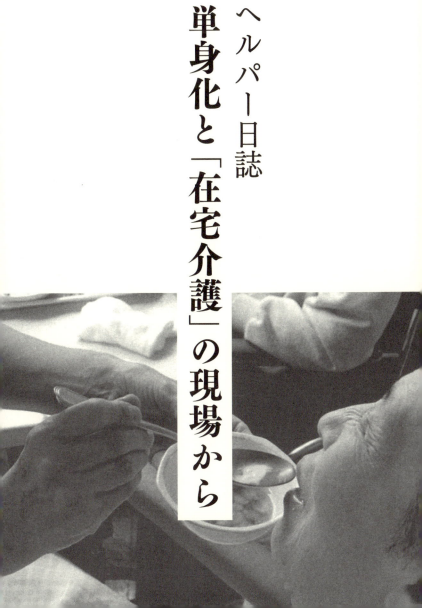

「在宅介護」の可能性は見いだせるのか。少子高齢化と並行して世帯単位の縮小も特徴とされ、家族の形態も変容した。「老老世帯」「ひとり暮らし老人」「シングル親子」「生涯未婚」などが増えている。

我が国の単身化の進行は著しい。なかでも「生涯未婚」は二〇年後には男性三人に一人、女性四人に一人という（厚労省推計）。一方で、国策としては医療費削減の狙いから介護の「在宅」（主義）を唱えていて、その両者の関係性が新たな福祉課題として表面化するに至った。

例えば「身寄り」がないケースも珍しくない単身世帯増の到来に、果たして国がいう「在宅」での介護は可能なのか。同時に、現代は「無縁社会」とも呼ばれ、人と人の繋がりが希薄になっていることが指摘され、「孤独死」「孤立死」なども頻発している。

増えつづける単身世帯（予備軍含む）の老いの暮らしに際し、そこでの介護の要件とは何か。事例を追った。

パーキンソン病、ひとり暮らし――

「もうひとり暮らしは難しくなってきていると思うんです。パーキンソン病になって一〇年が経つでしょう。いままでは薬の量を増やせば身体の動きがよくなっていたけど、先月に一錠増やして、今月もう一錠増やしても、効かなくなっている。自宅で生活するのはそろそろ限界なんじゃないかと思って」

パーキンソン病を患いながらひとり暮らしをしているSさん。市内に住む長男の妻、つまり嫁が、施設を探したいとケアマネジャーに相談に来た。最近になって子どもたちや兄弟に、頻繁に電話をしてくるようになったという。身体が思うように動かなくて着替えを取りに行けない、トイレに間に合わなくてそそうしてしまった等々。薬の副作用で幻覚も出ているようだ。子どもが入り込んできた、知らない女の人がいる、足元に猫がうずくまっている……そのたびにすぐ来てほしいと電話がかかってくる。夜中であろうが明け方であろうがお構いなし。本人には昼夜の時間の感覚もなくなっている様子である。

長男夫婦には、中学生、高校生の子がいて、下の子は高校受験を控えている。親の介護と子育てが重なってしまうという話はよくあるが、嫁は「子どもの受験とおばあちゃんの介護なら、正直いって子どもを優先したい。もうこれ以上、面倒をみることはできません。施設を探すしかないと思うんです」といいきっている。

Sさんの自宅にはヘルパーが毎日訪問し、デイサービスにも週二回通っている。介護保険の限度額いっぱい利用しており、オーバーした分は保険がきかなくなるため、臨時の通院は嫁が手伝っている。

Sさんの住まいはアパートの二階で、エレベーターはなく外付けの階段である。

「お医者さんに行くのも大変ですよ。なにせアパートに外付けの階段でしょう、支えながら降りたり上がったり、本当に一苦労。受験生がいて忙しい私が、なんでこんなことをしなければならないのって考えちゃうんです」

という嫁の気持ちも分かる。

最近は電話が頻繁になってきたが、そうそう呼び出しにも応じていられない。そこで月の半分は、ショートステイを利用している。夜間も介護職員が対応してくれるため、その間は電話で煩わされることがないからだ。

「本人はいまの生活が気に入っているみたいですけど、いつまでも続けるわけにはいきません。だって家賃とショートステイの部屋代をダブルで払っているんですから」

嫁はどんな施設を探したらいいのか、教えてほしいという。

「いまは有料老人ホームもだいぶ安くなってきていますし、サービス付き高齢者住宅というのもあります」

ケアマネジャーは入居金数十万円、月額一七〜一八万円くらいで入れるところを案内する。

「それでも高いですよね。うちの母の年金は八万円くらいですから一〇万円以下でなんとかなる施設はないんでしょうか」

「介護保険の施設なら、本人の年金に応じて費用が減額されます」

介護保険の施設には、特別養護老人ホーム（特養）と老人保健施設（老健）がある。老健はリハビリ施設と位置づけられ、医療費込みの料金設定になっている。パーキンソン病は薬価が高く採算が取れないため、断られるケースがある。

Sさんは要介護2である。Sさんの入所は難しそうだ。

特別養護老人ホームに入所できるのは要介護3以上、実情は4や5の人が優先になってしまう。要介護度は定期的に更新されるが、急に状態が変わった場合は、〝区分変更〟といって認定をしなおすための申請ができる。

「そうですね、いまの状態なら要介護3が出るかもしれません。区分変更をしてみましょうか」

ケアマネジャーはそういいながら、話を続ける。

「でも事前に本人とよく話し合ってほしいのです。本人が納得しないまま無理やり入所させてしまうと、あとあとトラブルになりますから。実際にあったケースですけど、家族が施設を探して契約して、本人もいったんは諦めて入った。ところが一カ月でどうしても家に戻るといって騒ぎ、出てきちゃったことがありました。急にひとり暮らしが難しくなった場合は、要注意ですよ。専門用語で〝受容〟というのですけど、自分の状態を受け容れて、自分に折り合いを付けて、納得してから入所すべきだと思います」

Sさんは区分変更の結果、要介護3になった。市内で近々、新しい特養ができるという。さらに既存の施設で増床する計画もある。新規、増床は狙い目である。普通は入居者が入院したり亡くなったりして一人ずつ空きが出るため、二～三年待ちということも多いが、新規なら一挙に入居することになるからだ。

妻はケアマネジャーの話を聞き、自分にいい聞かせるようにいった。「特別養護老人ホームが空くまで、本人とよく話をして、徐々に説得していくことにします」

認知症、ひとり暮らし

認知症の高齢者を介護するとき、必ずしも身体に障害のある要介護5の利用者が大変とは限らない。むしろ健脚で要介護ならば、1や2の人のほうが大変ということも多い。「認知症が進んで、身体は元気な人」は四六時中、目を離すことができない。外に出て徘徊すれば、遠くまで行ってしまうかもしれない。

Cさんは夫に先立たれ、子どもがいない。息子が一人いるが、地方に住んでいる。そんなひとり暮らしの認知症高齢者を、ホームヘルパーが大変な思いをして介護している。

Cさんはしばしばヘルパーの訪問予定をキャンセルする。例えば早朝、事務所の留守番電話に「これからお医者さんに行くので、デイサービスはお休みします」という録音が入っている。まだ病院はやっていない時間だ。ヘルパーが訪問すると不在。どこに行ったか分からず、いつ帰ってくるかも分からない。なんとか帰れるうちはよいが、今後は家まで帰ってこられなくなるかもしれない。訪問しても「ヘルパーなんか頼んでない」といって開けてくれないこともある。

ケアマネジャーはその人に合ったサービスを組み合わせてプランを立てる。ところがヘルパーが訪問しても不在、デイサービスも休むでは、プランが成り立たない。買い物や掃除、洗濯が予定通りいかず、デイサービスで入浴もできないのだ。

Cさんの日常は、「隠しカメラでも置いておきたいよね」とヘルパーがこぼすほど、おかしなことばかりだ。「自分では片づけているつもりなのでしょうね。せっかくヘルパーがデイサービスに持っていく荷物を準備したのに、また全部出して、どこかにしまっているのよ。次から次にヘルパーの仕事をつくってくれますよ」

ある時は台所を見ると電子レンジでアルミの包装を加熱したらしいあとが。火が上がらなくてよかった。ヘルパーが干した洗濯物を生乾きのまま押入れにしまったこともある。これから洗濯するものと、したものを一緒にしてしまうこともある。

こんなことがあった。デイサービスから帰ってきて玄関の電気のスイッチを入れたが、つかない。デイサービスの職員がケアマネジャーに電話する。ケアマネジャーが電力会社に問い合わせると、電気料金を払っていないため電気が止められていると分かった。料金が振り込まれなければば電気は復旧できないというのだ。外はどんどん暗くなっていく。このまま夜になって灯りがなかったら困る。

ケアマネジャーは「おかしいですね、全部口座振替にしてあるんですけど」という。

いったい、どうしたのだろう。

「いま問い合わせをしたら、どうも本人が自分で取り消しの手続きをしたらしいんですよ」

「えっ、自分でそんなことができるのですか」

「それができちゃったみたいなんです」

ケアマネジャーはすぐにヘルパーを手配し、コンビニで振り込むよう指示を出した。入金の確認がとれ、無事に電気がついた。

こうして絶えず不測の事態が起き、その時々の対応に追われてしまう。まさにいたちごっこだ。

そんななかデイサービスからケアマネジャーに「宿泊の利用はいかがでしょうか」という提案があった。いわゆる〝お泊りデイ〟だ。デイサービスを利用して、そのままデイに泊まり、翌日も翌々日もデイサービスを利用する。そうすれば延々と何カ月でも滞在することができるのだ。デイサービスを毎日利用すれば、事業所には介護保険の利用料が入るため、宿泊代は一〇〇〇円程度と格安に設定している。しかし一〇〇〇円といっても一カ月まるまる利用すると三万円だ。地方に住む息子に連絡したところ、「お泊りデイはちょっと……」といってきた。金額の問題ではなく、新聞や雑誌で一部のお泊りデイの介護が杜撰であるとの記事を読んだらしい。

このままの生活を続けていたら、いつ事故が起きてもおかしくない。最近はテレビのリモコンの使い方が分からなくなり外に出て通りすがりの人に聞いたりしている。近所でも噂になっているようだ。むしろ近所の人から苦情が続けば市役所が介入してくることになるのだが。

お泊りデイでないとすると、地方のサービス付き高齢者住宅あたりになろうか。東京都や周辺県では高いが、群馬、茨城、栃木などに行けば、ぐっと安くなっている。東京都に住民票のある人が、利用料が安い群馬県のサ高住に移住しているという話は珍しくない。

核家族化、少子化が進むなか、ひとり暮らしの認知症高齢者は増えていく。それをいったい、誰がみていくのか。これを国全体の問題として捉え、できたのが介護保険というわけだが……。入所が決まるまでは、なんとかそれを続けていくしかない。

夫がうつ病で――

「もし私に何かあったら、どうなっちゃうのかしら」

Bさんの夫は〝高齢者うつ病〟を患っている。妻がいつも側にいないと不安になってしまうので、おちおち買い物にも行けない。介護保険でデイサービスを利用してみたものの、いつも「今日は行きたくない」といっている。妻から「まったく、こっちまで嫌になっちゃうわ」といわれながら、行ったり休んだり、だましだまし続けていたが、そのうち布団にもぐって出てこなくなり、ついには行くのを止めてしまった。

Bさんも七五歳になり、身体のあちこちに不安が出てきた。目が見えづらくなり、腰や膝も痛い。夫のことがストレスになっているのか、血圧も上がってきた。夫の介護が自分の手に負えなくなったらどうするのか。自分に何かあって夫を介護する人がいなくなったら、どうするのか。

息子がひとりいるが、自分のことでいっぱいのようだ。親の介護に関わろうというつもりはあまりないらしい。

たまに休みの日に妻が手伝いを頼んでも、

「ホント、息子ってダメよね。顔色から体調を察することが一切できないのよ。女は子育てをしているから、そこは違うところなのかしら」

「うつ病の人に向かって、追いつめるようなこともいうしね」

そんな様子で、あまり頼りにはならないようだ。

「息子は当てにできないし。ふたりで施設に入るとなると、お金も大変よね」

そんな時、ケアマネジャーは「みなさん同じように心配されますけど、なんとかなりますよ。そのための介護保険なんです」

と応える。

特別養護老人ホームは、首都圏では二〜三年、三〇〇から四〇〇人の待機は当たり前といわれている。しかし入居できるのは申込順ではない。介護度の重度の方が優先で、次に家族に介護者がいない方から、となる。Bさんの夫は要介護1だ。順番を待っていたら、いつになるか分からない。

そこで代わりにどんな対策があるかといえば、巡回型のヘルパーである。

「ふたりとも具合が悪くなったとしても、二人分の介護保険を使えば、ヘルパーが一日何度も来られますよ。朝、昼、夕に来て、食事を出したり、トイレの介助ができるのです」

「まだ先の話だけど、息子は独り者でしょ。私たちがふたりとも死んじゃって、あの子に何かあったら、誰が面倒をみてくれるのでしょうね。いとこなんていってもほとんど交流はないし」

ケアマネジャーは、こう語る。

「いま、そういう人が増えています。私たちのご利用者の家族も、結構独身の方がいますね」

現在五〇歳の息子に介護が必要になったら、その時の介護保険はいったいどうなっているのだろうか。いやその前に、五年後、一〇年後がどうなっているかさえ、分からない。

腰・膝痛に悩む

「これからの勝ち組は、病気になってさっさと死ぬことよ。癌なんかは案外いいかもしれないわね。すぐ死ぬわけじゃないから、覚悟とか準備ができるじゃない」

勝ち組、負け組という言葉が流行って久しいが、それは時代とともに変わるらしい。これからの時代、早く死んだほうが幸せだとNさんはいう。

「自分が満足できる医療、介護を受けようと思ったら、お金がかかるでしょう。お金がない人は、生きてても辛いだけじゃない。これからますますそういう時代になるわよ」

Nさんは八〇歳で、腰や膝が痛いため、介護保険の訪問リハビリを利用している。通院には医療費だけではなく、他にタクシー代、ヘルパーの付き添いの料金がかかる。整体やマッサージを受ければ、一回数千円の出費である。

「痛みをなんとかしたいと思ったら、すべてお金よね。それにしても、どこか痛いっていうのは嫌ね。何もする気がなくなっちゃう」

Nさんは本来、社交的な性格である。友人が家に来ては、おしゃべりをして帰っていく。それがストレス解消である。最近はもっぱらお互いの病気の話と親の介護の話ばかりしているという。

「ある友人は夫の母親と同居してたけど、（その母が）転んで大腿骨を骨折して入院したの。認知症があるから個室じゃないと周りの患者が迷惑だからっていわれたって。個室料金がいちばん安いところで一日九〇〇〇円ですって。しかも付き添いが必要だっていうので、家族総出で交代でみているんだって」

「別の友人は、実の母親を家族でみられないからって療養病床に入れたら毎月三〇万円もかかるって。本人の年金じゃ足りなくて、子どもたちが少しずつ出し合っているんだって」

大変な話が、次から次に出てくる。

「もう亡くなっちゃったけどね、夫婦で癌になって貯金を使い果たしたっていう人もいるわよ」

普段の生活費に余裕があるわけではないので、癌の治療費や入院費で貯金を切り崩し、亡くなった時には底をついていたというのだ。

「癌になっても、そんなにお金がかかるんじゃとても治療はできないわね。でもテレビにも出てた先生が抗がん剤は寿命を縮めるっていうじゃない。何もしないで寿命を待つだけ、それでいいと思うの、私は」

「友人のきょうだいだけど、医師からこのままだと食べられなくなって死ぬだけっていわれ、勧められるままに胃ろうにしたらしいの。だけど介護が始まったら、こんなはずじゃなかったって。兄夫婦がみてるけど、自分たちも手伝わなきゃって、毎週病院に行ってる。いまは協力して介護してるけど、いったい何歳まで生きるのだろうって、本音はそれだわね」

友人との話の中で感じていることが、高齢者の生命力だという。

「みな生きることに対する執着がすごいわね。うちの母だって九五歳まで生きたけど、もう生きてても仕方がないっていってたのよ。それがいざ具合が悪くなったら、いい医者にかかりたいって。もう歳なんだから少しくらい調子が悪くて当たり前じゃない。それを、おかしいおかしいって。亡くなる前なんか〝負けてたまるか〟っていったのよ。あきれるやら逆に感心するやら」

「そういう私だって、病院に行ってるけどね。でも痛いものは仕方がないわ。九〇歳まで生きるとして、貯金を割り算して、一カ月あたり使える金額を計算してるわ」

Nさんは一カ月あたり使える金額の範囲で医療・介護を受けているのだという。

母が認知症で、娘がうつ病

「いったい私はどうすればいいんですか。もう本当におかしくなりそうです」

Kさんは重度の認知症で、娘とふたり暮らしである。娘は母親の日常的な介護、通院や入院の付き添いで、てんやわんやの毎日だ。Kさんは五分前のことも忘れてしまうし、頻繁にトイレに行きたいという。たびたび失敗もあり、そのたびに娘が下着を洗ったり、トイレを掃除しなければならない。

母ひとり子ひとりの家庭で、Kさんは七五歳、娘はいま四八歳。娘は仕事をしていない。社会人になって三年ほど経った頃、職場の人間関係からうつ病になった。休職・治療後に再就職したが長続きせず、以降はアルバイトをしたりしなかったり。四〇歳を過ぎてからは、Kさんの年金で生活している。

実はKさんは認知症になる前、統合失調症と診断され、数十年にわたって治療を受けていた。親子で同じ病院にかかっているので、主治医は家族の事情も分かっている。娘の介護疲れを心配して、少しの間、入院させてくれることになった。その間、Kさんには手厚くヘルパーが入ることになった。

「少し介護から離れたほうがいいといわれて、入院させてくれたんですよ。でも二週間くらいといわれているんです。また戻ったら同じことの繰り返しです」

自宅で暮らせないなら、施設を探せばいい――というわけにはいかない。施設の入所費用を払うと、娘が生活できなくなってしまうからだ。

親の年金で暮らしている四〇代、五〇代の息子や娘は少なくない。順番に行けば親のほうが先に逝くことになる。その先に自分ひとりでどう生きていくのか、それほど不安に思っている様子は見えない。「あとは貯金で暮らして、お金がなくなったら生活保護でもいいやと思って」、こんなことをいう息子や娘もいる。その頃の生活保護は、介護保険と同じく、どうなっているだろう。

娘は二週間の休息後二カ月くらいはそのまま家で生活していたが、だんだんとうつ状態が悪化し、ある日急に起きられなくなり、救急車を呼んで、そのまま入院してしまった。

入院先に着替えや洗面用具などの荷物を届ける人を探さなければならない。もちろんKさんにはそんなことはできない。

そこで出てきたのが「いとこ」である。他に動いてくれる人がいないため「いとこ」に電話する。なかなか繋がらず、やっと話ができたと思ったら、

「はっきりいって、手伝ってくれといわれると憂鬱ですよね。小さい頃はたまに遊んだこともありましたけど、私が結婚してからはほとんど会っていませんから」と。

話を聞いてみると、Kさんの娘のことが重荷で悩んでいたという。

「最近、夜中も朝も関係なく電話がかかってきて、親の介護が大変だという愚痴を聞かされていたのです。一時間や二時間はザラでした」

「伯母だけならいいんです。八〇代ですから、そんなに先が長くないでしょう。でもいとこは私と同じ四〇代ですよ。これから何十年、ずっと私が面倒をみるのでしょうか。私も自分の生活でいっぱいなんです」

「いとこ」の支援は受けられそうにないいま、Kさんの家で滞っていることを洗い出してみる。

Kさんの介護保険の利用手続き（書類）、娘の入院手続き、国民年金の支払い。家賃、固定資

産税、公共料金の支払い。水道・光熱費など一部自動引き落としになっているものもあるらしい。娘は未婚で、親戚付き合いなし、友人なし。ならば誰が支援するのか。どの市区町村でも障がい者向けの相談支援が受けられる。申請したところ、自立を促すためのヘルパーが利用できるという。各種支払いについて、代行はできないが、本人と一緒に同行という形でできるという。うつ病と診断されているため、なんとか制度に引っかかった。

今回は制度の枠にうまくはまり、ヘルパーなどの支援が受けられるが、うつ病の一歩手前という家族はいくらでもいる。はまらずに困ることも十分にありえるのだった。

老健入所の母を見舞う息子

公的な介護保険施設に「老人保健施設」がある。略して「老健」。終身利用の「特別養護老人ホーム（特養）」に対して、老健はリハビリを行って在宅復帰するための施設である。しかし実際は〝老健の特養化〟などといわれるように、何年も入所している人が少なくない。特養を待つために入所し、いったん退所しても違う老健に入るなど、渡り歩くケースもある。

特養は年単位で待たされるが、老健は数カ月待てば入れる。

Mさんが母とふたり暮らしをするようになってから四〇年。父親は五〇代で病死した。ここ五年くらいはMさんが母の面倒をみるようになったが、九〇歳になるまで自分のために食事を作ってくれていた。これから恩を返そうという時に、今度はMさんに癌が見つかった。治療で入院することになったため、母を老健に入れるしかなくなった。約二カ月の治療で寛解し、退院してからは、体調も落ち着いている。そこで毎日バスに乗って施設に行き、母を見舞っている。

車の運転に不安があるため、バスを利用しているが、一時間に一本なので大体同じ時間に乗ることになる。そこでいつも会う八〇代くらいの女性がいる。

「もう家には帰れないねって、夫がいうんですよ。かわいそうになっちゃいますけどね。だからといって私も高齢で夫の介護はできないんですよ」

本当は家に帰りたいが、そうすれば家族が大変になることが分かっている。老健にはそんな人たちが入所しているのだ。

Mさんは見舞うたびに、果物やお菓子などの差し入れを持っていく。

「母は糖尿病だから差し入れはダメだっていうの。個室なのをいいことに、隠れて食べさせていますよ。もう先がないんですから。だって九五歳ですよ。食べることくらいしか楽しみがないでしょう」

「施設ももっとなんとかならないのでしょうかね。人生の終末期に、こんな待遇しか受けられないのでは、母が不憫ですよ」

施設で気になるのが、若い職員の対応だという。若い職員が敬語を使わない、入居者を子ども扱いする。それはまだいいほうで、なかには仕事を頼むと嫌な顔をしたり、ため息をつく職員もいるとか。それでも施設にいるしかない。

介護業界の離職率はもともと高いが、なかでも二〇代の職員は、すぐに辞めてしまうという。

「若い人たちは、上からポンポンとものをいうでしょう。そうすると老人は黙ってしまうの。その点、四〇歳や五〇歳のヘルパーさんは、膝をついて寄り添うように話をします。全然違いますよ。そのへんをもっと教えればいいと思うけど、上（の人たち）に教育する気がないんですね」

Mさんは自分が癌になってから「母より先に逝くことはできない」と、そればかりを考えているという。

「大正生まれの女性は、自分のことなんか考えていない。厳しい姑に仕え、夫を支え、何人もの子どもを育て、家族のことだけを思って生きてきたから」

Mさんには弟が二人いるが、施設にはさっぱり顔を見せないという。

「弟たちは自分のことで忙しくてね。よくいうじゃないですか。孝行したい時に親はないって。いつか母のことを考える時も来るんでしょうかね」

家で家族と暮らしたいという当たり前に思えることも、なかなかできないのかもしれない。

進行性の病気だけど――

Kさんは六年前にパーキンソン症候群と診断され、年々身体の動きが悪くなり、いまでは歩くのも大変である。しかし思うように動けなくても、毎月、オーケストラの演奏を聴きに、オペラを観に行ったりしている。東京近郊から都心までタクシーを使ったり、ガイドヘルパーを頼んだりしているから、かなりお金がかかっているはず。半年に一度は海外旅行にも行っている。

パーキンソン病は、脳内物質の不足により、手足に震えが起きたり、歩きにくくなったりする病気だ。薬でコントロールできる場合もあり、症状は人それぞれである。パーキンソン病ではなくパーキンソン症候群といって、似たような症状が出る場合があるが、その中には薬が効かず、進行が止められないものもあるという。Kさんは七四歳、進行性のパーキンソン症候群と診断された。言葉もスムーズには出ず、たどたどしい。

「発症から十年で寝たきりになる。私はあと三〜四年かしらね」

Kさんは、他人事のように、さらりというのだ。

「介護保険」は高齢者が対象の制度である。つまり私たちと関わる人は、歳をとるにつれて、だんだんと身体が衰えていく。そんな中でも進行性の病気というのは、見ていて辛い。Kさんはその最たるケースで、あと三〜四年で動けなくなってしまうなんて……。

ヘルパーが頼まれているのは週二回の掃除。半年、一年と経つうちに、どんどん歩くのが大変になっていく。家の中に手すりを付けたり、入浴時のシャワーチェアを購入したり、身体の動きに合わせて、そのつど必要な対応を考えていく。

好きな海外旅行にも「あと何回行けるか分からないから」と、半年に一度、計画を立てている。海外旅行が好きで、メジャーなところはもう行きつくしたようだ。ヘルパーが入ってからはモロッコ、中国の辺境、ロシア、モンゴルなどを旅していた。専属のツアーガイドが同行してくれるのだという。つまり旅費は二人分。予めツアーの内容をチェックし、ガイドと一緒に歩けるところは歩くが、無理なところはバスの中で待っているという。

身体が動くうちに、貯金は全部使ってしまう予定だ。いよいよとなったら、自宅を処分して有料老人ホームに入るという。

夫はすでに亡くなっている。息子と娘がひとりずついるが、訪ねてくる様子はない。本人は「子どもたちには介護をさせたくない」と考えていた。心配はしているのだろうが、母親の性格を知っているので、口出しはしないらしい。

Kさんは自分でインターネットを操作しながら、滑り止めの靴下や、いちばん骨折の多い大腿骨頸部に厚いパッドが入っていて、転倒してもショックを吸収してくれるという「骨折予防の下着」など見つけては購入する。

しかし、病気は確実に進行している。「転んだ」「ぶつけた」といって身体のいたるところにあざができる。着替えも思うようにできず、脱いだものを拾うこともできず、床に置きっぱなし。ヘルパーが拾い集めて洗濯する。この状態で在宅生活を送るのは、もう限界かと思われた。

「来年の二月に、施設に入ります」

自宅で最後となる年末年始を過ごし、夫の墓参りをして、一月に親戚に会って挨拶を済ませるという。

有料老人ホームに入居する前日、Kさんはゆっくりとしか言葉を発することができないが、笑顔をつくりながら、ヘルパーに「いままでありがとうね」と。

一病息災、養生で長生き

「一病息災といって、何か病気があると養生するから長生きするっていうけど、本当ね。私が九〇歳まで生きるなんて、両親もあの世でびっくりしているでしょうね」

子どもの頃から虚弱体質で、喘息があり、両親から大事にされて育ったというEさん。大学で国文学を学び、その後は働こうとは思わなかったそうだ。自分には会社勤めは無理だと思ったから。というのもアレルギーがあり、手にはいつも湿疹が出ていて、結婚も一生できないと思っていた。三〇歳を過ぎてたまたま知人の紹介で結婚したが、子どもはできず、夫は七〇代で亡くなった。現在、ひとり暮らし。

医食同源と考えており、食事は腹八分目に。濃い味付けはしない、バランスよく食べる、野菜をとることなどを心がけている。食品添加物にも気をつけている。あるとき友人の家に行き、近くのスーパーで安く買ったというお弁当を出された。「せっかくだから食べなくちゃと思って、無理して食べたのよ。どうも体に悪いんじゃないかと思ったら、案の定、皮膚に湿疹が出ちゃったわ。油か添加物か原因は分からないけど、やっぱり私は自分で作ったものじゃないとダメね」

変形性膝関節症と診断され、膝が痛くて病院に通うことはできないので、近所のクリニックに月二回の往診を頼んでいる。ささいなことでも、何か気になることがあると医師に相談している。クリニックから処方箋を薬局にファックスし、ヘルパーが薬を取りに行くという手順で健康を管理している。玄関先で転んでからは「介護保険」の認定を受け、デイサービスに週二回行き、ヘルパーを週二回利用して買い物などを頼んでいる。

健康のために足湯がいいと聞いてからは、毎日やっている。

「デイサービスのお風呂、あれは本当に入った気がしないわね。湯舟に入って二〜三分で、もう上がりましょうかと、こうよ。でも仕方がないのよね、たくさんの人を入れなきゃならないんだから」

膝と腰がだいぶよくなってきたというので、自宅で入浴しようということになった。「介護保険」で浴室の手すりを付け、すのこを作り、浴槽に入るための階段として使える台などを購入する。手すりは二〇万円まで、すのこや浴槽台は一年あたり一〇万円までが一割負担で利用できる。このあたりは「介護保険」は手厚いのか。

「やっぱり家でゆっくりお風呂に入る、これは健康の秘訣ね」

これだけ慎重な人だから、きっと気をつけて入るだろう。

今年の夏がヤマ

Iさんは認知症の妻と二人で暮らしていたが、その妻は四年前に亡くなった。妻には心臓病があり、ある時ヘルパーが訪問すると、ベッドの中で眠るようにして亡くなっていた。それまでIさんはほとんどヘルパーと話をすることはなかった。ヘルパーが話しかけても、うなずくか首を横に振るだけで、たまに妻のことを叱る時に声を聞くくらいだった。

しかし妻が亡くなったあとは、ヘルパーが訪問すると笑顔を見せながら「おう、よく来てくれたな」と迎えてくれ、ヘルパーともよく話してくれるようになった。

今年九二歳、ひとり暮らしのIさんのお宅に、ヘルパーは毎日、朝と夕に入り、食事を作ったり、掃除や洗濯などの家事をしている。

古い建物なので、一度ねずみが出て、市販のねずみとりを仕掛けたことがあった。ヘルパーがねずみのかかった粘着シートになかなか触れられずにいると、本人が横から入ってきて始末してくれた。ヘルパーは「俺がやるっていって、捨ててくれたんですよ。やっぱりいくつになっても、一家の主だっていう気持ちは残っているんですね」と感心していた。

自分のことは自分でやろうとする気持ちの強い人である。

Iさんは飲食関係の仕事をしていた、食べることが好きな人である。九〇歳を過ぎてもカツやコロッケなど揚げ物、餃子、うなぎ、お刺身等を食べている。朝は昔からパン食。コーヒーや甘いものも好き。そして食後に新聞を隅から隅まで読むのが習慣である。パーキンソン病を十数年患っているが、近年はめっきり歩く力がなくなり、今年になってからは家の中をいざって移動している。食事の量も減り、例えば去年は朝にパンを一枚食べていたのに、半分しか食べられなくなっている。

毎年夏になると、ヘルパーも気をつけて水分補給をさせるのだが、どうしても食欲が落ち、体力も落ちてしまう。二年前に似たような状態があったが、なんとか回復したという経緯があった。しかしこの夏はどうやらヤマらしい、と主治医の先生からいわれた。Iさんには息子が二人おり、長男は横浜に、二男は海外に住んでいる。何かの時は長男と連絡を取り合うが、本人の状態や年齢から、施設入所はもとより、入院もさせず、最後まで在宅で過ごさせたいというのが長男の意向であった。

担当者会議を開き、いつ何があってもおかしくない旨を関係事業所で共有し、延命に繋がることや無理をさせることはやめようということになった。私たちヘルパーの事業所も、本人の好きなように過ごしてもらう。食事も「なんとかして栄養をとらせる」のではなく「食べたいものだけを食べてもらう」ということになった。

そこで担当のヘルパーには以下の方針を伝達した。

食べ物は無理に勧めない。これまで通り、本人が好きなものや食べたいものを用意する。おじや・雑炊・パン粥等は嫌いだったため、刻みやペースト食にして量を確保するということは考えない。カステラなど甘いものは好きなので、飲み物と交互に食べてもらう。水分は複数種類を用意し、なるべくとってもらう。ゼリー飲料は、服薬の際に必要なものと認識していただき、とってもらう。医療的なフォローはビタミン注射のみで、点滴は延命ととらえ、行わない。食事量低下とともに排泄は摘便《てきべん》（便を摘出する医療行為）となる。訪問看護は月二回から週一回に、最終的には毎日になった。

ある朝のメニューはこんな感じだ。お茶二〇〇cc、りんごジュース五〇cc、カフェオレ五〇cc、ジャムトースト二分の一枚、ヨーグルト五〇cc。別の日は食パンがあんぱんに変わったり、カステラになったり。スクランブルエッグがつく時もあるし、果物だとバナナ、すりおろしたりんごやなし。水分の類はバリエーションが多く、コーンスープ、かぼちゃスープ、野菜ジュース、りんごやオレンジのジュース。

Iさんはおむつをしていても、這ったりいざったりしてトイレに行こうとする。ヘルパーが訪問すると、布団から出て、畳の上に寝ていることが多くなった。肘には移動する際にできたと思われる擦り傷がある。前日に布団から出ていたので、隣にもう一枚布団を敷く。翌日はもう一枚の布団に移動していた。

お寿司が食べたいというので買いに行くが、二～三貫程度しか食べられない。好物の肉まんは三分の一、うな丼も二～三口にとどまっている。

夏が終わろうという頃には、食事の時に一〇分程度しか座っていられなくなった。食後に新聞を読む習慣は続けられなくなっている。食事そのものも二回に一回くらい、いらないといわれる。ヘルパーが用意した食事を、どれも数口くらいしか食べられなくなった。そんな状態でも自分でトイレに行こうとして、ベッドまで戻れず、廊下で寝ていることがよくあった。家族、ヘルパーとも心配していたが、止まなかった。

ある時は浴室で倒れていたのをヘルパーが見つけ、介助で這って布団まで戻ってもらった。ケアマネジャーが訪問し、なぜ浴室に行ったのかを聞いたところ「このままじゃ寝たきりになっちゃうから」と答えた。

いよいよ椅子にも座れなくなり、布団の上で上体を起こして水分を中心にとってもらうようになる。ゆで玉子を食べたいといったのでヘルパーが用意するが、半分食べて吐いてしまった。お茶を三口飲んで、食事は拒否。翌日はトースト二口と水分のみ。雑炊を五分おきに一口ずつ。その翌日も玉子おじや、すりおろしりんごという感じで、もう固形物は食べられなくなっていた。

そして九月中旬のある日、朝、夕方と同じヘルパーが入ったが、本人は同じ格好のままで寝ている。傾眠状態なので、覚醒時を見計らって水分を勧め、やっとのことで二〇〇cc摂取した。そして同日の一九時頃に看護師が訪問すると、すでに息をしていなかったという。

訪問看護から長男に連絡がいったようだ。

長男の妻から事務所の留守番電話にメッセージが入っている。

「いま訪問看護の方から、父が亡くなったという連絡がありました。私たちは今夜は行けないので、明日の昼頃に着くようになります。いろいろありがとうございました」

翌朝、私たちはその録音を聞いて驚いた。なぜすぐに行ってあげなかったの？　Iさんはたったひとりで一晩過ごしたの？　最期くらい無理してでも家族が一緒にいてほしかった。

7

鼎談

「無縁社会と介護」

前章では、単身化と「在宅介護」について、現場レポートのいくつかを紹介した。世帯の単身化の進行とともに、現代社会は同時に「無縁社会」と呼ばれている。かつての封建的な人間関係を嫌い、戦後は民主主義と人権尊重の七〇年を歩んできた。それは決して悪いことではなかった。しかし、気がつけば「個」が「孤」に変貌することだった。そんな「無縁社会」のいま、身近な「在宅介護」の実際を、単身けんの石川由紀さん、ヘルパーネットワークの藤原るかさんのおふたりに話を聞いた。

鼎談「無縁社会と介護」

石川由紀…単身けん（一人で生きるために単身者の生活権を検証する会）事務局長
『ひとり暮らし安心術』（情報センター出版局）著者
藤原るか…ヘルパーネットワーク主宰
『介護ヘルパーは見た』（幻冬舎）著者
山口道宏…聞き手

「無縁社会」で老いるとき

石川　私は一九四四年生まれなので、戦中生まれではあるのですが、戦中的な教育にはほとんどなじみがなく、考え方は戦後とほとんど変わりません。私の思考や時代感覚は、数歳上の戦中生まれの方々よりも、新たな高齢者層といわれる団塊の世代のほうに近い。ですから三歳上だというだけで、同じ世代とは思えないんですね。私より三歳下でインターネットが使えない人はあまりいないのに、三歳上の、特に女性には、使えない人がたくさんいます。高齢者を前期・中期・後期と分ける考え方は、年齢や体力的な差異を表す分類というよりはむしろ、育ってきた時代の違いによって生じる考え方の差異を表しているのではないかというのが私の実感で、このジェネレーションギャップは相当なものだと感じています。中期・後期高齢者には女性が多く、そのほとんどに「受け身」の生き方が染みついてしまっているのではないかと思います。子どもたちも、「親だから仕方がない」と思って付き合っている場合がよくあり、実はそれが、高齢者の依存と孤立を招く原因にもなっているのではないかと思います。中期・後期高齢者の行動原理には、よけいなおしゃべりや行動は怒りを買う、要するに「出る杭は打たれる」という考えがあるようで、みんなと横並びで同じことをしていれば無難であるとか、他者とはなんとなく以心伝心で分かり合えるものだと思いこんでいる人が多いように思いますね。終戦直後の時代の教育にはそういった思想が色濃かったこともあるので仕方のないことかもしれませんが、私たち世代の考え方はアメリカ的で、自分から発言することでコミュニケーションしていくことが当たり前です。中期・後期高齢者はよく、「親子だから、分かるでしょう」「近所の人なんだから、分かるはず」と、なんの根拠もなくいう人がいるのですが、私たちにはその感覚がまったく分からず、正直、「お手上げ」と思うことが多いんです。

藤原　いまの石川さんのお話は、現場の人間からすれば、普通にあることだと思います。政府は要介護状態になっている人の平均年齢を八一歳と公表していますが、私が実際に介護に行っている人は全員が九〇代です。介護を受けているご主人が九〇代半ばで、奥さんが八〇代後半などというケースがざらですから、かなり綱渡り的な状況だといえると思います。

本日のテーマは「無縁社会と介護」ですが、周囲の人間がこうした綱渡り的な介護に手を貸すかといえば、なかなかそうはならないのが現実だと思います。孤立してしまう人は精神疾患を持つ方もいますので、例えば相手が認知症の人だったら、「手伝っているときにお金がなくなって犯人扱いされたらどうしよう」と思う人もいるでしょうし、認知症については身内でさえ、どうしていいのか分からないことが少なくない。ご近所も、遠くからなんとなく様子を眺めつつ、実際にどのような状態にあるのかまでは把握できないから、なんとなく疎遠になってしまう。最近は若い人の餓死がニュースになることがあります。世の中には「若ければなんとかなるはずだ」という考えが根強いにもかかわらず、現実的には年齢に関係なく孤立してしまう人が出てきているわけですから、孤立死の問題はかなり深刻な状況だといえるのではないでしょうか。

私の母は北海道出身なのですが、北海道には国の炭鉱があったため、本州から人が大挙して移動してきた歴史があります。しかしその炭鉱もいまはなく〔二〇一五年に一般企業が石炭の採掘を開始〕、逆に首都圏に人口が流出しつつある。私の一家もその流れで北海道から横浜に出てきた家族なので、北海道にはいまだに多くの親類縁者がいます。普段はほとんど親交がなく、彼らに何かが起きたときにサポートできることは相当限られているし、逆もまたしかりです。そう考えると、都市部といえど、単身で上京した人が孤立してしまう危険度は、かなり高いのかもしれません。

ヘルパーが病院まで付き添う通院介助というものがあります。私も付き添って、ある高齢者の方と一緒に整形外科へ行くことがあるのですが、最近はヘルパーが同行する通院介助は珍しがられるんですね。それで待ち時間によく話しかけられるのですが、質問というよりは、窮状を訴えるような内容のほうが多いかもしれません。通院介助の費用は行きと帰りしか介護保険からは支給されず、待ち時間は全額自費となるため、結局どうしようもなくて放置されているケースが多いようです。医師や看護師にも相談できず、困ったままで生活している人がかなりいるのが、実感として伝わってきます。介護に関して、身近なところに相談相手がいる人は本当に少ないと思いますし、私としても訪問介護をしているだけで手一杯なところがあり、それ以上のことはなかなかできないのが現状です。

アパートでひとり暮らしをしながら介護を受けている八二歳の女性が、二日くらい部屋から出てこないので、おかしいという話になったことがありました。転んで頭を打ったのが原因で硬膜下血腫になってしまったようで、そのときは民生委員の方と一緒にドアを破って部屋に入り、救急車で病院に搬送しました。本来、私たちにはそこまでの権限はないのですが、部屋からは明らかにうめき声が聞こえるので、やむを得ない判断でした。その方の場合、数日前に転んでいたことを知っていたので、緊急を要する状態だと判断できたのですが、もし転んだことも知らず、こちらも多忙で異変に気づく余裕がなかったら、ひょっとしたら助からなかったかもしれません。

石川　もしその方が亡くなっていた場合、介護者の責任も問われるのですか？

藤原　それはないと思いますが、ご本人としては無念の死になっていたのではないかと思います。その後、その女性は妹さんに引き取られて、いまは幸せに暮らしていらっしゃるようです。お姉さんもひとり暮らしだったのですが、お姉さんの状態を知った妹さんは、この際だから一緒に住もうと、すぐに引き取ることを決めてくださいました。でもこれは大変ラッキーな例で、たとえ肉親に介護が必要になっても、心理的にも物理的にも距離があって、結局はケアできないケースの方が多いと思います。介護する方たちの話を聞いていると、どこにどんな親族関係があるのかが、なんとなく分かってくるんですが、これは一種、介護ヘルパーの職業病なのかもしれません（笑）。

貧困、孤立、単身化、そして老い

山口　ケアする立場の見解として、石川さんの「お手上げ」、藤原さんの「綱渡り的状況」という言葉が印象的でした。

石川さんの単身けんにはもともと自立心の強い方が多い。藤原さんのいう介護の現場との違いで、孤立感の感じ方にも差があるのかもしれませんね。介護のある生活はすでに当たり前になっているにもかかわらず、ＳＯＳを発信したくても発信できない人たち、または生活費や医療費に困窮している人たちは、現在進行形で増えています。社会の核家族化は著しく、この傾向は今後も続くだろうと国も予測していますから、人と人とはますます繋がりにくくなっていくでしょう。

石川さんの単身けんには、貧困や孤立を心配する人は少ないかもしれませんが、これらの問題についてはどうお考えですか？

石川　私の家系には長寿が多く、九二歳の叔母もいまだに元気で、彼女はよく「私が死んでも、お香典を持ってきてくれる人がいない」といいます。叔母の世代の人々は、自分がこれほど長生きするとは夢にも思っていなかった人がほとんどではないかと思います。終戦を迎えた際の日本人女性の平均年齢は四七歳で、九〇代といったらその約二倍ですから、自分がそこまで長生きすることも、そこまで老いるとはどういうことなのかも、イメージしてこなかった。身近にご長寿がいても、「そこまでは長生きしたくない」と思ってきた人が多かったと思います。

藤原　介護で訪問する方々も一様に「こんなに長生きするつもりじゃなかった」といいます。

石川　だから実際に長生きしている当人は、恐らく戸惑ってしまっている。長生きに備えてこなかったのは、年金制度や恩給制度も同じですよね。政府も、社会がこれほど高齢化し、年金や恩給を払いつづけることになるとは予測していなかった。

長寿はもちろん長生きした人の責任ではありませんし、まして親戚縁者の責任でもない。誰の責任でもないからこそ、社会的なサポートが必要になってくるのだと思います。

山口　そこでNHKは「血縁」「地縁」「社縁」といったわけですね。

石川　それも七〇歳くらいまででしょうね。八〇歳を超えて社縁の繋がりを保つのは、大変なことだと思います。叔父や叔母がお葬式のときなど、よく運転手として付き添うことがあるのですが、誰かが付き添わないとお通夜や告別式に行けないほど長生きしてしまっている人が、本当に多いように思います。

山口　石川さんの周囲で、貧困、孤立といった問題が話題になることはありますか？

石川　しょっちゅう話題になりますよ。予想以上に長生きしてしまった人たちは、ある意味で崖っぷちですから。私自身、予想しなかったことが起きています。四〇代前半で生涯生きていけるだけの生活設計ができたと思って安心していたのですが、金利ゼロの時代が長く続き、計画はすっかり狂ってしまいました。単身けんのみなさんは、私よりはるかに長生きしてしまった人たちですから、「こんなはずじゃなかった」という思いはさらに強いと思います。

単身けんの会報で終の棲家について特集したことがあるのですが、昔の人は、終の棲家は自分の家だと、なんの疑いもなく思っていた。ところが、介護というソフトが付いていない家には住めない状況が出てきて、二四時間介護サービス付きの終の棲家探しをしなければならなくなった。二四時間体制の介護といえば、かつては長男の嫁が背負う、あるいは背負わされるかたちで、家庭内でカバーできた時代もありますが、これだけ核家族化が浸透してしまうと、そうもいっていられない。かといって行政サービスに頼ることも、現状では難しい。二四時間介護サービス付きの終の棲家探しは、かなりハードルの高い課題なのです。

山口　個人も社会も予測しなかった高齢化の進行で、介護のある暮らしがごく普通になってきたにもかかわらず、行き届いた介護を受けられる暮らしの実現は難しいということですね。藤原さんの現場では、そのギャップについて、どんなことをお感じになりますか？

藤原　いまは国民年金を四〇年払いつづけても、受け取るのは最高でも月々六万五千円と、ごく少ない。それ以外の収入のない人が、単身で介護を受けながら暮らすのはかなり厳しいはずなのに、そこから家賃を捻出して、なんとかひとり暮らしをしている人がいくらでもいます。六畳一間でお風呂のないアパートに、ベッドを入れて暮らしているといったパターンが多いですね。

石川　そういう人たちには資産がないのでしょうか？

藤原　ほとんどないと思います。私の現場では元主婦だった人が多いのですが、国民年金の場合、夫婦なら月々十数万円が支払われるところ単身だと六万五千円で、特に上乗せ分もない。ですから連れ合いを失ったときから、低額で固定されてしまうのです。私たちの世代はそこですぐに、生活保護を受ければいいと思うのですが、実際に生活保護を受ける人はほぼ皆無です。どんなに勧めても絶対といっていいほど生活保護は受けません。

山口　国民年金に加入しているのは自営業の人たちですが、サラリーマンの厚生年金とは違って、年金生活者になった場合、月々六万五千円ほどでやりくりしなければならなくなる。

藤原　長引く不況で町工場の経営者だった人が多額の借金を背負うなど、かなり悲惨な状況に置かれているケースもあります。

山口　そういった人たちが介護保険に加入している場合、保険料や利用料はその六万五千円のなかから捻出しているのですか？

藤原　そうです。（保険料は）年金からの強制天引きです。（利用料は）在宅の場合では月平均一五万円分の介護サービスなので、自己負担は一〇％の一万五千円になりますが、とても支払いはできません。実際には五千円くらいでやりくりしなければならないことも多く、週に三回は介護サービスが必要でも一回しか受けられない人もいます。しかも生活保護も受けていないから、見ている側はとても歯がゆいんです。

山口　子どもからの経済的支援もないのでしょうか。

藤原　もちろん、支援のある事例もあります。ただ子どもたちも五〇代・六〇代ですから、自分たちの生活や心身のケアに手いっぱいで、経済的な援助はできても、介護のような現場での援助はできないことが多いようです。

山口　介護保険も、自らの状況に応じて受けられるサービスが違う。すると週に三日必要な介護を一日に抑える必要も出てきて介護状態をさらに悪化させることにもなる。本来は必要なのに、経済的な理由から自らが抑制してしまうということですね。

住まい、医療、介護のある暮らし

山口　介護を受ける人たちにとって、住まいや医療の具体的な問題はいかがでしょうか。

藤原　経済的に困窮している人ほど、医療からも遠ざかっていると思いますね。さまざまな角度からの治療的アプローチが必要なのに、最低限の内科受診にとどまることも多い。最近では、ヘルパーは病院に連れていくことはできても、待ち時間は介護保険がきかず、ヘルパー同行の料金は全額自費の自己負担になります。ですから、薬を受け取りに行くことはあっても、通院には同行しないようにしています。そういう意味でも、要介護者にとっては医療機関の利用はぜいたくなことのようになってしまっている。社会的なイメージとは異なるかもしれませんが、介護保険を受ける人は自力では外出できない人がほとんどなので、そうなると往診してもらうしかなく、費用もさらにかかってしまう。

山口　経済的にも医療的にも厳しい状況で介護を受けている人たちを藤原さんは実際に見てこられたわけですが、いままでのお話だと、お金がないことが孤立を誘導する、あるいは促進するという側面があるように思えます。

藤原　私が介護に行っているところでは、少なくとも私たちとは繋がっているわけですから、決定的な孤立はありません。ただ仕事柄、夜になって買い物に出ている高齢者が気になります。視力がかなり低下しているはずの高齢者は、夜は危険で出歩かないはずなので、ひょっとしたらギリギリの状態で暮らしているのではないかと観察してしまう。洋服の汚れ具合や、足の運び方などを見て、あまりにも心配な方には声をかけることもあるのですが「女は信用できない」と怒鳴られてしまうこともあるんですよ。人との繋がりが希薄になりすぎて、人間不信に陥っているのでしょうか。夜になってから出歩くのは、あまり人と関わりたくないという心情の表れなのかもしれないと、そのとき思いました。

山口　石川さんの周囲で介護を必要としている人たちの暮らしぶりはどうですか？

石川　右肩下がりです。例えば、二カ月に一回の定例会に参加していた人が、だんだん出てこられなくなる。「太っているから膝が痛くなるのか、膝が痛くなるから太ってくるのか」というテレビCMと同じで、出かけないから外出できなくなったのか、外出しないから出かけられなくなったのか、その両方が理由だといえるような状況です。知り合いの民生委員たちの話を聞いていると、自分の状態を隣近所に知られたくない人が、かなり多いようですね。単身けんでも、電話で相談できるといった理由で会員になっている人が少なくない。昔の民生委員は「地域の放送委員」ともいわれて、あまり評判がよくありませんでしたから、敬遠されていたものですが、いまの高齢者にはそういった先入観も強いので、余計に関わりたがらないのだと思います。

山口　民生委員とは極力関わらない、生活保護も受けない、そういったことが社会から落ちこぼれてしまう原因になって、最終的には孤独死にも繋がってしまうのでしょうか。

藤原　そこまで単純に図式化できる話ではないと思います。

石川　世の中におせっかいな人を増やさなければならないとは思いますね。

藤原　ヘルパーが入っている世帯は、地域の人から見ても安心感があるようで、周囲との交流が結構あったりするんです。ただ、なかにはヘルパーと話がしたくて遊びに来る近所の人もいるのですが、そういう人に限って、薬やリハビリなどで役に立ちそうな情報をあれこれ話したり聞いたりして、現場のヘルパーを混乱させてしまうことがある。身近におせっかいな人がいてくれれば、いろいろな手助けをお願いできますから、身近な人が増えることには賛成なのですが、おせっかいがありがた迷惑になってしまう場合があることも頭の片隅に入れておきたいですね。

先ほどの例のように、週に三日の介護が必要なのに週に一日しかお願いできない人がいる場合、民生委員でも誰でも、周囲の人にお願いして、おせっかいをしに行ってもらえる人を探すしかない。でも、行ってもらえる人が見つかっても、積極的に介護に携わろうとする人とは限りませんから、そこも難しいところです。

石川　たった一つしかないのですが、素晴らしい例がありました。東京・大田区の木造アパートでひとり暮らしをしていた、ある単身けんの会員の女性の話です。

その方は七〇代で、やや認知症があったのですが、横浜の会員の方と仲良しでした。経済的な違いは割とあったのですが、うまが合ったのでしょうね。ある日、大田区の会員の方の具合が悪くなったので、横浜の方にしばらく会えないと電話したところ、横浜の方が「私がそっちに行くわよ」と。部屋が汚いからといったん断ったそうですが、結局横浜の方が大田区まで訪ねていくようになりました。

　世話を焼かれる当人はそれをあまり疎ましく思わなかったようです。横浜の方が大家さんや民生委員に事情を説明することにも、特に難色を示さなかった。これが近所の人だったら、反応はずいぶん違ったと思います。彼女が地域に溶け込んでいるかどうかの問題ではなく、むしろ地域に溶け込んでいるからこそ周囲に見栄を張ってしまうのかもしれません。

　この機会に生活保護も受けさせようと、嫌がる彼女を「周囲が迷惑するから」と説得しました。区議会議員にも頼み込んで、なんとか受給できるようにしたのですが、そのうち入院することになって、結局、退院までに半年ほどかかってしまった。三カ月以上入院して部屋が空き家状態になると大家さんは結構困ってしまうものなので、単身けんの人間が交代で掃除に通い、退院する頃には、浴槽を換えたり、手すりを付けたりするリフォームも済ませてしまいました。症状がひどくなってからは、遠方の特養に入ることになったのですが、その際も人の繋がりをうまく活用することができました。

　これをもし地域の人間だけでやっていたら、誰がどこでどう責任を取るかでもめていたかもしれません。介護や孤立の問題には、地図上のご近所以外のネットワークも利用できるはずだと私は常々思っているのですが、これはその好例だと思います。

　地域にもいろいろありますから、地域に頼らなければ生きていけなくなるよりは、地域を越えたネットワークもつくっておいたほうが、いざというときに心強いのではないでしょうか。例えば現在の三陸は、まさに地図上のご近所以外の〝知縁〟によって息づいているコミュニティではないかと思います。スマホや携帯電話、パソコンといった通信機器さえあれば情報はいくらでも共有できますから、高齢者予備軍はいまから使えるように勉強しておくと、新たなコミュニティの可能性が広がると思いますね。

山口　行政はしきりに「見守り」という言葉を使いますが、近所には気兼ねして、なかなか援助が求められないことが多い。ならば、地図上のご近所以外の〝知縁〟に頼ってもいいのではないか、ということですね。その点、藤原さんはどうお考えですか？

藤原　孤立を防ぐ対策として、ご家族が遠くにいらっしゃる場合は、相互に合意の上、毎日決まった時間に電話をかけて、安否を確認してもらうようにお願いすることがあります。ただ、友人知人にそこまでお願いしたことはほとんどないのですね。

石川　私のほうでは逆に、家族からの電話は嫌がって、友人のほうがいいというケースがありました。

時代に合った繫がり方とは

山口　近頃は家族との繋がりも希薄になってきているといわれています。年金に関する「消えた高齢者」などという問題が話題になったこともありましたが、時代に合った繋がり方については、おふたりはどうお考えになりますか。結局は人間関係すべてが希薄になってきているので、地縁や知縁との関わりも含めて考えなければならないかもしれませんが。

藤原　私たちが介護サポートに入っていて、親の年金に依存している中高年の人たちは、訪問先にもたくさんいらっしゃいます。そういう人はたいがい独身で、親の介護があるから結婚できない。また、自身が年金受給年齢ではないのに、介護で仕事は辞めざるを得ないとなると、経済的に頼れるのは親の年金だけになってしまう。そうやって介護する家族が追い込まれてしまう現実は、私たちサポートする人間にとっても辛いものです。日本の介護システムの大きな課題ですね。単身で介護を受けている人には、難聴で電話さえかけられない人や、お金がなくて電話を持つことも新聞を取ることもできない人もいます。

石川　生活保護を受ければ、福祉電話がありますから電話代は無料ですし、ＮＨＫ受信料も無料です。

藤原　生活保護はご本人が選択するかしないかの問題で、世間体やプライドがあるから、なかなか踏み切れない人が多いようですね。そのことによって苦しんでいる人も多い。

石川　権利意識の薄い人は、義務意識も薄い場合が多いように思います。そういう人は往々にして、自由と責任についてもあまり理解していない。そういった教育を受ける機会がなかったためだとも思いますが。

藤原　私が住む区では、学校選択自由制が導入されていて、一緒に住んでいる子どもたちがまったく別々の学校に通っていることもあります。こうした環境で育った子どもと私たちとでは、友だちやコミュニティなど、人との繋がりに関する概念も変わってくるのではないかと思います。

その点でいうと、高齢者の方は人との繋がりをとても大切にしていますね。女学校の同窓会をとても楽しみにしている人もいます。家族も同窓会なら安心して家から出してくれるので、年に四回やっているところもあったりする（笑）。私は五〇代ですが、私ぐらいの世代になると、そういう繋がりは少なくなっていると思います。

石川　私は転勤族で、友人にも転勤族が多かったのですが、お互いの子どもも転勤族が多く、地域の小学校に通っている子どもや孫は少なく、ほとんどが自分の選んだ私学に通っています。私の子どもの同窓会は、随分と幅広いところからメンバーが集まるようで、途中で転校していった子も仲間に入っていたりする。毎月やっている私自身の高校の同窓会にも、二カ月ですぐに別の高校に転校してしまった人も参加しています。

山口　離れていても同窓生と繋がっている人、繋がってはいるけれど同窓会には来ない人、そもそも繋がっていない人など、人によってさまざまでしょうね。同窓会に参加するには会費や交通費がかかりますし、体調の問題もあるでしょうから、そこで躊躇してしまう人もいるのではないでしょうか。

石川　介護でも、支援する側、支援したいと呼びかける側は本当に一生懸命なんですが、どんなに呼びかけても「放っておいて」という人がいます。繋がる意思のない人はどうしようもないというのが率直な気持ちですが、困っている人の助けにはなりたいのも事実です。

いちばんの問題は、困っているのに、支援したい人と繋がれない人が多いことです。困っている人には、自分から発信することも少しは考えてほしいと思います。日本人にはお人好しが多いと思いますから、発信さえしてくれれば、反応できる人がたくさんいるはずです。例えば、転んで足を痛めたとします。家の中のことは自力でなんとかなるけれど、買い物ができないために生活に支障が出る。だとしたら、「買い物ぐらいならしますよ」という人が、必ずいると思うのです。ご近所でも、遠くの友人でも、とにかく知らせてほしいですね。

藤原　それは私も同感です。ヘルパーをしていると分かるのですが、支援が必要な人ほど、自分でできることは自力でやろうとする傾向がある。多少の不便があっても人手を借りずに済ませようとして、それを十年、二十年と続けているうちに、いつの間にか人との繋がりが少なくなってしまうんですね。本人は我慢して人の手を借りないというよりは「これくらいは自分でできるだろう」をなんとなく、だましだまし続けてしまう。するといつの間にか、足の踏み場がないほど部屋が散らかってしまっていたりする。あるご家庭は、ご主人の知り合いから折々贈答品が送られてくるような家だったのですが、ご主人が亡くなってからは贈答品がどんどん積み上がってしまい、自分の座るところもない状態とか、畳がダメになったところに何重にも絨毯を敷いている家や、お風呂が倉庫のようになっている家もありましたが、話を聞くと、自分でもまさかこんなことになるとは思っていなかったという人ばかりです。

山口　私も取材先で、自分にできることは自分でやろうと気丈にふるまう高齢者の姿をたびたび目にします。しかし、これは本でも書いたのですが、しばしば「危ない自立」といった印象を受けます。周囲に迷惑をかけたくないという気兼ねや世間体があるのも分かりますが、傍から見るとハラハラするような、それこそ綱渡り的な暮らしぶりをしている。そういった意味で、高齢者が自分の窮状をどのようにして発信していけばよいのかは、重要な課題だと思います。同時に、「放っておいてほしい」という心の壁の問題もありますから、高齢者に対する社会のあり方も模索しなければならないと思います。

東北被災地が教える地方型コミュニティ支援

山口　さて、都市と地方における人間関係の違いからみてどうでしょうか。石川さんには、地震被災地を例に、お考えがあるようですね。

石川　神戸の震災はどちらかというと都市型災害に近かったと思うのですが、東日本大震災は完全に地方型だといえると思います。被災地の考え方は、都会で生きてきた私の考え方とはまるで違って、正直、理解できないことが多々あります。要するに、東京で震災が起きた場合に必要な支援のかたちと、東北の人に必要な支援のかたちは、まったく違うということを理解しないと、必要とされている支援ができず、手を差し伸べる側の自己満足で終わってしまう可能性があると思うんです。

被災者の方は近所の人と同じところで暮らせないと辛いといいます。その地縁の強さが私には理解しがたいのですが、考えてみたら被災地では、同窓会でも職場でもご近所でも、顔を合わせるメンバーはほとんど同じなんですね。だから、地縁が切れてしまう場所で新しい暮らしなど考えられないのでしょう。それは「絆」であり、実は「しがらみ」という一面もある。話し合い、助け合うことのできる「絆」と、一度共同体から離れてしまうと、もう合わせる顔がなくなってしまう「しがらみ」。その両方があるということだと思います。隣近所とは疎遠でも、交友関係が広く、いろいろな場所で会う機会がたくさんある都市型人間の感覚とは、まったく違うわけです。だから今回の震災に関して、都市型人間の感覚で復興を支援しようとしてもあまり意味がないと思いますし、ただの押し付けがましい親切になってしまう可能性が高い。それが分かるのに私は一年かかりました。

山口　確かに都市型生活者と地方型生活者の違いはあるかもしれません。地方には独特な地縁・血縁の存在があり、誰もがその中で老いていく。実際に被災地での支援活動を続けてこられて、藤原さんは都市と地方の地縁の違いをどうお考えになりましたか？

藤原　私は福島・宮城でボランティア活動をしているのですが、放射能汚染の問題に対する考え方が、人によって判断が違っていますね。例えば子どもを避難させるかさせないかで、避難させないでいる親が周囲から非難の目で見られることがある。震災自体の影響よりも、原発問題でコミュニティが破壊されてしまったという感じがします。岩手や宮城では、「いまは避難していても、いずれ地元に戻って一からやり直そう」といった力が働くけれど、福島ではそもそも戻れるのか戻れないのか、戻るべきか戻らないべきかで対立軸ができてしまっているように見えます。介護の問題なら手助けもできますが、私たちのような外から来た人間がそこまでは立ち入れませんから、どうすればいいのかはなかなか分かるものではありません。

ごくたまに海外旅行に出ることがあるのですが、ヨーロッパなどでは勤め先はとても近所なんですよね。町の教会やレストランにはよく人が集まるし、夜は八時には飲み屋が閉まってしまうような生活ぶりで、人と人との繋がりが自然と生まれる環境ができているなと思いました。

石川　福島はもともと、それに近いコミュニティ社会だったのではないでしょうか。

藤原　東京とはまったく違った生活サイクルやコミュニティがあるんですよね。石川さんがおっしゃったように、職場と暮らしの距離が近いから人間関係も濃い。だからこそ東北では、あれだけの被害にあったにもかかわらず、地元で生きてくことを選ぶ人が多い。お互いの関係そのものが支援になっているというか、助け合うのが当たり前の関係ができているからではないかと思います。

山口　都市と地方では災害時の支援方法は違うし、被災者の思いも違う。子どもの頃からご近所で、学校も一緒で、大人になっても職場が近い。そこには「絆」と呼べるような繋がりもあれば、ともすれば疎ましくなるほど濃密な人付き合いもあるのかもしれない。いずれにしても、そうした人間関係が地縁というものになって、独特な人間関係を築いているのでしょう。

「自助」「共助」「公助」を考える

山口　ここからは、社会全体における「自助」「共助」「公助」についてお伺いしていこうと思います。NHKの「無縁社会？　〝無縁死〟三万二千人の衝撃？」〔二〇一〇年一月三一日放送の「NHKスペシャル」〕の制作者は「自己責任や自助努力も大事だが、東京の暮らしでは、自助には限界がある」「国はいわゆる地縁のことを共助といっているようだけれど、普段から隣近所が集まって活動することが少ない都会で、いきなり成り立つはずがない。国の支援としての公助がなければ、共助は成り立たないのでは」と。安倍政権下では「自助」に重きが置かれ、公的支援はカットする方向に進んでいるのですが、おふたりは「自助」「共助」「公助」の関係性をどうお考えですか？

藤原　ＮＨＫの「無縁社会」には私も出演させていただきました。青森での認知症講演からとんぼ返りで収録一〇分前に会場に入ったのですが、他のみなさんはすでに半日くらいディスカッションしていたため、なかなか溶け込めませんでした。ヘルパーとしては雛壇の上から見下ろすように話すことにも違和感がありました。「生活保護を受けている人たちの中には、パチンコをしている人もいる」といわれた時は、なんといえば分かってもらえるのか、どういう方向に話をもっていけばいいのかを考えているうちに、何もいい返せなくなってしまい、それも本当に不本意でした。生活保護費はそれほど潤沢ではありませんから、パチンコをしている人はごく少数だと思います。生活保護費は医療扶助や介護扶助など八項目くらいに分かれているのですが、その中から数個だけを受けることができる。そういったシステム内容をきちんと社会が理解していくことが必要ではないかと思います。

いまはシステムとしての生活保護よりも、「人の迷惑にならないように」といった道徳意識で生活保護の正否を考える人のほうが強い。道徳意識とは本来、「人はどのような社会をつくって生きていくべきか」を考えるべきで、そこで初めて「自助」「共助」「公助」も、現実的に意味のある言葉になってくると思うのですが、いまはまだ「自助」「共助」「公助」という言葉だけが先行していて、中身は吟味されていない段階だと思います。社会のあるべき姿を話し合う前に、次々と問題が押し寄せてきて収拾がつかなくなっている。そうした現状を、ひしひしと感じます。

NHKの収録時と同じように、いまでも私は生活保護の問題についてうまく話すことはできないのですが、生活保護を受けること＝「社会のお荷物」と考えて、どうしても受けたくないと必死になっている人をたくさん見ているので、生活保護が世の中にきちんと受け入れられる社会的な説明が必要だと感じています。そうしないと、綱渡り的な生活をする人がどんどん増えていくのではないかと危惧します。

石川　最近の七〇歳以上の高齢者は、人に迷惑をかけることが罪悪だと思って育った人が多いように思うのですが、このときの「人」とは、親類縁者以外の人間のことなんですね。だから、親類縁者からは平然と大金を借りたりする。七〇歳以下の人々はもう少しシビアな教育を受けているので、そうなる前に「自助」が働くのではないか思います。

もう少し景気がよくなって、健康な六五歳以上の人々が高齢者の三〇%くらいを占めるようになると、自分が「共助」に参加することに生きがいを感じる人も増えるのではないかと思います。ただ、「公助」の出し方には問題がある。措置がなくなって「公助」を受ける機会が失われてしまったのではないかと思います。そこをもう一度考え直さないと、生活を再建する機会を失ってしまうかもしれません。

これから老いを迎える人たちに

山口　教育的な問題、経済状況、雇用の問題など、「自助」「共助」「公助」にまつわる問題は尽きないのですが、それはまた別の機会に話すことにしたいと思います。

さて、ここではおふたりの経験を通して、無縁社会において老いを迎える人間と、それを囲む周囲の人間の心構えについてお伺いしたいと思います。最近は「パーソナルサポートや見守りを徹底的に」「孤独死ゼロ作戦」といった声もよく聞かれますが、老いる人や、その周囲の人間は、実際にどんなことを心がけておくといいのでしょうか。

藤原　ヘルパーとしての視点からいうと、「自分はこういう人間なんだ」といえるといいかなと思います。そうした自己を持って生活できるようにサポートするのが私の仕事だと思っているのですが、問題になるのが認知症です。認知症の人は、ちょっとした生活リズムが狂うだけで大混乱してしまうので、電気を壁のスイッチで入れているのか、電灯から下がっている紐で入れているのか、そんな些細なことがとても重要になってくる。ある新聞社から、五〇・六〇代の男性に向けた老いについての取材を受けたときにも、両親の好きな食べ物や音楽、洋服の好みなど「この人はこれがあれば元気になる」という好みを知っておくのが絶対的な条件だという話をしました。親が認知症になったときにも、それは必ず役立つんです。こうした考え方は、ヘルパーの仕事でもとても重要な情報なので、もっと世の中に広めたいですね。

石川　自分の四人の親を見ていて私が感じたのは、「歳をとると人柄が問われる」ということです。私の実母はひとりでなんでもできて、看護師やヘルパーさんがしてくれることが気に入らない人でした。逆に父は、すぐ側にあるものも「それ取って」と頼む人（笑）。でも、頼んだ後には必ず「ありがとう」というから、ケアハウスでもとても評判がよかった。食事がきても「ありがとう、おいしそうだね」なんていうんですが、母の料理のときにもいっていたかしらと思います（笑）。連れ合いの父もそうでした。

認知症の人に「それ取って」といわれて、本人はバナナを取ってほしいと思っていたところにリンゴを渡すと、怒って投げつけてくる人もいます。だから「あれ」「それ」「これ」はもっと具体的に、固有名詞を使っていい直そうと、同窓会で話し合ったことがあります。日本では〝あうん〟の呼吸で、暗黙のうちに以心伝心することが美徳とされてきましたから、意見表明や意思表示が苦手ですね。でもこれからは、自分の意思が相手にきちんと伝わるように心掛ける訓練を、日頃からしておいたほうがいいと思います。

私自身のことでいうと、批判精神が旺盛すぎて、どうも文句が多すぎるところがある（笑）。おかげで、例えば歌舞伎を観に行ったときでも、楽しむよりも批評家みたいにあれだこうだいってしまう。このままだと何かにつけて文句をいってしまいそうだと少し心配しています。いまならまだ丸くなるだけの時間があると思うのですが、丸くなっておかないと、なんといってもお世話してくれる人が大変だと思うんです。ですから私自身の心がけは、「いまから丸くなっておく」です（笑）。

山口　認知症患者は現在数百万人いるともいわれていますが、「自分には関係ない」と思っている人も多いのではないかと思います。自分にも関わりのあることとして受けとめるには、どうすればいいのでしょうか。

藤原　民間アパートでひとり暮らしをしている要介護1のBさんの話ですが、この方は八〇代で、いくつかの複合的な問題を抱えており、いまだに解決策が見いだせない状況です。この方の面倒をみているのは、実は後見人でもなんでもない人です。普通の飲み屋のママだったBさんを、常連さんだった人が介護しているだけなんです。常連さんも七〇歳近いのですが、Bさんの年金も管理していて、他にも三人の知人女性の年金を管理している。どの人にとっても常連さんは後見人ではないので、こうした金銭管理には問題があると思いますし、実際、常連さんがBさん宅に置いておいた五千円がなくなって、誰が取ったのかという話になったこともある。しかし現実問題として、彼がいないとBさんや三人の女性たちの介護がうまくまわらないから、ケアマネジャーも迂闊なことがいえない。Bさんの家では、食事はあんぱんとバナナといったメニューです。端から見ていても、常連さんが管理している年金に見合ったお金の使い方ではないと思います。

自分らしく生きたいと思って年金を貯めておいても、いざ認知症になると、他人任せになってしまう可能性もある。今後、認知症の人が増えていくのは確実ですが、認知症の人を支える社会的システムはまだまだ不十分で、個人の善意にかかっているところが大きい。そういう善意の人は、地域の「いい人」なんですね。ところがこの「いい人」による「善意」も、微妙です。Bさんとはまた別の事例で、認知症のCさんのケアに、五千万円近くあったCさんの貯金をすべて使ってしまった大家さんがいます。今後は絶対にこんなことがないように後見人を立てたのですが、たとえ裁判になったとしてもCさんにどれだけ判断能力があったのかが争点になると、そこで大家さんにも逃げ道ができてしまうかもしれません。

いまの子どもたちは、働いて年金を払ってももらえる額が少ないですから、今後の高齢社会に伴う介護や生活保護の問題が増えていくのは間違いない。そう考えると、社会構造を抜本的に見直し、いまあるシステムを根本的に立て直すしかない時期にきているのに、実際の状況はそうはなっていないように思います。介護の仕事をしていると、社会的な問題はそれぞれリンクし合っていると感じるのですが、そこを検証し、警鐘を鳴らす社会的な動きがあまりにも少ない。そこは悔しいですね。

行政に求められる施策とは

山口　「自助」という観点からは自己責任も大事なことと思う一方で、その前に公的責任が問われるべきだと思うのですが、行政にはどんな施策が求められると思いますか？　行政自身も、施策については模索しているはずです。孤独死が頻発している自治体に何も施策がなかったとはいえないでしょうから、今後の備えが求められる。プライバシーの問題や、「迷惑をかけたくない」という思いの強い高齢者の傾向など、援助の手を阻む壁も多いとは思うのですが、自治体にはどういった対応が必要になるのでしょうか。

石川　単身けんの会員には、ひとり暮らしかひとり暮らし予備軍の人が多いのですが、いまは長生きすると、介護サービスというソフト付きの家でないと終の棲家にならない時代なんですね。サービス付き高齢者賃貸の設置を国土交通省が進めていますが、私はこれに期待しています。月々の費用が十万円台から数百万円台のものまで幅広くあるので、借りる側の経済状況に応じて自由に選べばいいと思います。また、措置としてのサービス付き住居は、プライバシーよりも人権が重視されるべきだと思いますね。まずは憲法二五条〔生存権〕の遵守を優先させてほしい。それで最低限の暮らしを公的に保障してくれれば、「あそこよりも三段階は自分で上げられる」といった感じで目安がつけられます。都市部は2LDKや3LDKでの暮らしが普通になっていますが、これは憲法二四条に沿ってつくられた夫婦が入居するための間取りで、二世帯、三世帯で住むようにはつくられていない。要するに、高齢者が住むという視点はまったくないんです。戦後七〇年で、いまの憲法下での暮らしがやっと定着してきたのですから、その後始末は公的にきちんとしてほしいですね。

山口　住まいについての公的責任のお話でしたが、藤原さんの行政への要望、あるいは公的責任についてのお考えはいかがですか?

藤原　まず医療に対する援助が重視される一方で、生活援助にはなかなか手が回らないのが現状です。介護保険から生活援助が外されてしまう動きもあり、行政にはもっと生活を重視してほしいと思います。

ホームヘルプの調査に行ったイタリアでは、孤独と孤立から高齢者を守るために、ホームヘルプがある。情報が届かないところにだけ行けばいいという考え方がとてもはっきりしているので、ホームヘルプは申請が明らかにできない人のところに行くんです。必然的に精神領域の障害を持った人のところへの訪問が多くなるわけですが、日本でも効果的に援助できるようなホームヘルプのあり方を、もっとはっきりさせてほしいですね。生活援助を外すなどと馬鹿げたことをいうよりも、いま大切なことは何なのか、社会的に何が求められているのかを、行政には真剣に考えてもらいたいです。

それから、石川さんの住宅の話を受けてですが、いままでの国の方針ではどちらかというと持ち家を勧めています。私自身は公共住宅で育ってきて、いまも賃貸のアパートで暮らしているため、これまでは賃貸主義のほうが強かったのですが、最近考え方を変えました。

ホームヘルパーとして働いてきた仲間は五〇代・六〇代となって、低所得でひとり暮らしをしている人が多く、五万円から八万円くらいの家賃を月々払っているのですが、老後は住むところの問題が出てくるだろうと考えられます。そこで私たちの仲間の間で、家賃の支払いを一軒家に回して、高齢者が入居できる福祉法人をつくろうという話が持ち上がりました。そうすれば自分たちの家賃がそのまま生きるし、そういった趣旨を持った福祉法人なら後に継ぐこともできる。そこでは私たちヘルパーが、四、五人の高齢者に必ず一人は付こうといっています。普通の実力のヘルパーだと、年金収入が五、六万円の人が相手でも、十分やっていけます。もちろん行政もバックアップしてくれるといいのですが。

石川　介護サービス付き高齢者住宅の制度を整えれば、私は可能だと思いますよ。

藤原　現行制度で援助の対象となるような新しい家を建てると、かなりお金がかかってしまうので、都市部で増えている空き物件なども活用したいですね。

石川　いま若い人の間で、グループリビングやシェアハウスが流行っていますが、きちんとした管理者のいるシェアハウスがあれば、そこを終の棲家にしたい高齢者は、けっこういると思います。単身けんの会員を見ていても、人間関係のゆるいシェアリビングで生活したいと思っている人が割と多い。お裁縫や料理など、人それぞれの得意分野をお互いに生かせる暮らしができれば、これほどいいことはないと思っている人は、世の中に多いのではないでしょうか。

山口　かねてから、福祉の課題の七割は住宅問題であり、住宅問題が解決すれば、福祉の問題もかなり前進するといわれています。おふたりの着眼点もまさに住まいに関するものであり、なるほどと感心しました。

精神性を大事にすることは人間を大事にすること

山口　最後に、ひとことずつお話しいただきたいと思います。

石川　長生きしていると、「たくさんの人に囲まれて生きてきたけれど、気がついたらひとりになっていた」といった具合に、いつの間にか縁が切れてしまうことが多くなる。私自身、人との繋がりはパソコンにかなり依存しているのですが、これは現代だからできる付き合い方なんですね。

昔は、人と人とが顔を合わせることで初めて付き合いが成り立ち、家の中にひきこもっていようものなら近所から変わり者扱いされて、仲間外れにされてしまうこともありました。私の住むマンションの住人は、昼間はみな働きに出ているので、日中いるのは私だけです。都市部はオートロックの家も多く、簡単にご近所付き合いができないようになっていますし、都市部では無縁社会が当たり前なのです。ですから、自分の人間関係は、その人自身にかかっている。

これは死に方の問題でもあると思います。私の両親は四人とも「この日のいつ頃に死にます」と宣言し、感謝の言葉を残して逝ったのですが、私も周囲にきちんと別れを告げて、ありがとうといいながら、生まれる前の世界に帰りたいですね。そのあとに周囲が迷惑だと思いながら私の死の後始末をしてくれるのか、あちらの世界に送ってくれるつもりで後始末をしてくれるのか、そこまでは分かりません。ただ、何かしら後始末をしてもらうのは確かなので、なるべく明るい気持ちでしてもらえるように、いまから準備しておきたいと思います。

藤原　人と人とが巡り合うことが縁であり、この縁がなくなってしまうという状態が、私にはどうもうまく想像できません。亡くなった方の話をしているときも、その方の存在を感じながら話しているものです。それはもちろん、霊界云々の話ではないのですが（笑）、世の中も、そうした縁を絶えず感じながら回っているように思います。日本では仏壇を大事にする風習がいまも残っていますが、これが次の世代にも受け継がれるかどうかは分かりません。でも人間とは本来、そうした繋がりを大事にしていく存在だと思うんです。そうした精神的な繋がりを大事にしても、いまの世の中ではまったく評価されません。ヘルパーは生活文化へのアプローチが必要な仕事なので、そうした精神性が評価されないと、無縁の人は無縁のままで終わってしまうのではないかと心配です。

私のような現場の人間に、そこを理論立ててお話しできる力はないのですが、精神性を大事にすることは結局、人間を大事にすることなのではないでしょうか。経済効率でものごとを評価するのではなく、自然を含めた社会の中でどれだけ人を大事にできるか。私はそこを大切にしていきたいですし、ひとりの人間として尊重しながら、あちらの世界に見送ることが介護なんだという思想がもっと世間に根付いていてくれればと思います。

デンマークでは女性の八割がヘルパーなのですが、日本の高齢化はこれからが本番なので、日本でも、それくらいあちこちにヘルパーがいていいのではないかと思いますね。

石川　もっと女の人に、ヘルパーとして働いてもらいたいですよね。無為に遊んでいる方、本当に多いですから（笑）。

藤原　男女を問わず、そのためには、もっとヘルパーとして働ける人が増えるような社会を実現しなければならないと思います。

山口　介護ヘルパーが働ける条件づくりが社会的に求められるという話で、最後はまとまったかと思います。話は尽きないと思いますが、ここで終わりとさせていただきます。ありがとうございました（二〇一三年二月一三日）。

8

検証 「介護の社会化」と「在宅介護」

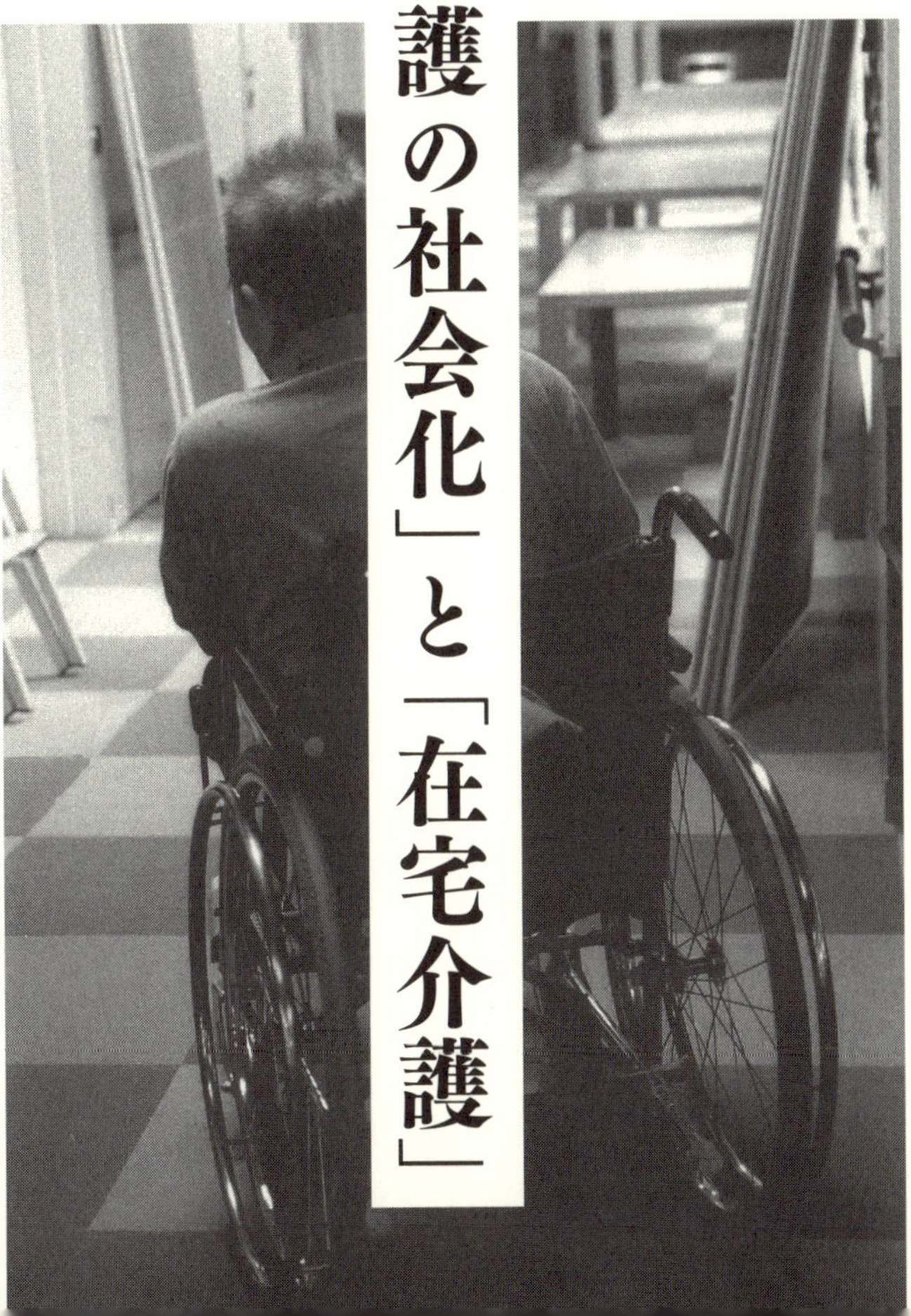

誰のため、なんのための「介護保険」か

二〇〇〇年度の介護保険制度発足から一六年が過ぎた。

「介護の革命」とまでいわれ、高揚感に包まれて発足した制度だった。それが、いまや介護保険に寄せられていた熱い期待は無残にしぼみ、色あせつつある。最大の理由は、費用の増大が制度の持続可能性を揺るがせていることだ。制度発足時に三・六兆円だった介護費は、高齢化の進展に伴って年々増えつづけ、二〇一五年度は十兆円に達した。十年後の二〇二五年度には二一兆円まで膨らむ見通しだ。負担増ありきの制度改革と、刻まれる一方のサービス。そんな繰り返しに、国民の間には失望が広がっていった。

「激務の割に給与が低い」。介護の仕事にはそんな評価が定着し、現場での人手不足が常態化している。二〇〇五年の制度改革でサービスを大きく絞り込んだ結果、「利用しにくくなった」との声も後を絶たない。要介護認定を受けている人は、六五歳以上の六人に一人。いい換えると、六五歳をとっても六人に五人は介護保険を利用せず、保険料は掛け捨てとなっている。六五歳以上の人の平均月額保険料は五〇〇〇円を突破し、二〇一五～一七年度は五五一四円となった。介護に

無縁の人にも保険料引き上げを納得してもらうことは年々難しくなっている。

そうしたなか、また一歩、「介護の社会化」という介護保険の当初の理念を後退させた法律が、二〇一五年度から施行された。二〇一四年六月一八日、自民、公明両与党が野党の反対を押し切って強行に可決・成立させた「地域における医療及び介護の総合的な確保を推進するための関係法律の整備等に関する法律」（医療・介護総合確保推進法）である。

この法律について、厚生労働省は「二〇二五年問題への対応や、人口減社会を見据え、医療・介護を一体的に見直すものだ」と説明している。二〇二五年とは、戦後ベビーブームをけん引した団塊の世代（一九四七年～一九四九年生まれ）が全員七五歳以上となり、しばらくは医療や介護の需要が急増していくと想定される年だ。

しかしながら、同法は看護師の役割拡大や医療事故調査制度の創設から、病院の機能区分や地域医療計画、介護の負担増に至るまで、およそ縁の薄い一九本の法律を無理やりに一本化したものというのが実情である。一九本すべてを一国会で成立させるのは難しく、とりわけ介護の負担増には野党の反対が強い。そうした状況をにらみ、野党が賛成に回らざるを得ない法案も交ぜて一つにまとめた国会対策優先の法案が、医療・介護総合確保推進法だった。自民党の国対筋（国会対策委員会の関係筋）は「多少強引でも、当初の狙い通り一九本もの法律をいっぺんに成立させられた」と、してやったりの表情を見せていた。

「地域における医療及び介護の総合的な確保を推進するための関係法律の整備等に関する法律」（医療・介護総合確保推進法）

①地域における公的介護施設等の計画的な整備等の促進に関する法律
②地域における医療及び介護の総合的な確保の促進に関する法律
③医療法
④介護保険法
⑤健康保険法等の一部を改正する法律
⑥保健師助産師看護師法
⑦歯科衛生士法
⑧生活保護法
⑨診療放射線技師法
⑩歯科技工士法
⑪臨床検査技師等に関する法律
⑫国民健康保険法
⑬老人福祉法
⑭歯科技工法の一部を改正する法律
⑮高齢者の医療の確保に関する法律
⑯外国医師等が行う臨床修練に係る医師法第17条等の特例等に関する法律
⑰看護師等の人材確保の促進に関する法律
⑱良質な医療を提供する体制の確立を図るための医療法等の一部を改正する法律
⑲社会福祉士及び介護福祉士等の一部を改正する法律

そのような、極めて幅の広い法案に仕立てた「効果」として、負担増と給付カットが中心の介護保険制度絡みの条文も、法案の中の一パーツとして扱われたにすぎなかった。介護分野に割り当てられた審議時間は必然的に短くなり、与野党の議論も低調にとどまった。にもかかわらず時間切れで採決、という結末では、国民からすれば「知らないうちに負担増と給付カットを押し付けられていた」という印象をぬぐえないだろう。

同法が定める介護保険制度の主な見直しは、①予防給付のうち一部を市区町村事業に移管、②特別養護老人ホームへの新規入居者を、原則「要介護度3」以上に限定、③一定以上所得のある人（単身で年金収入のみなら年間二八〇万円以上）の自己負担割合をいまの一割から二割に引き上げ、④低所得の介護施設入居者に対する補足給付（食費や部屋代への補助）について、一定額を超す預貯金（単身で一〇〇〇万円程度、夫婦で二〇〇〇万円程度）がある人は支給打ち切り、⑤六五歳以上の低所得者の保険料軽減を強化——などとなっている。⑤を除けば「負担あってサービスなし」という、制度発足前から指摘されていた懸念を一層強めるものが並び、とりわけ①の「予防給付の市区町村移管」は、全国一律のサービスを保障していたはずの介護保険に、地域間格差を生じさせる危険性をはらんでいる。

サービスに地域格差が

介護保険で利用できるサービスには、要介護度1～5の人（約四〇〇万人）への介護給付に加え、要支援1～2の人（約一五〇万人）向けの予防給付がある。要支援1は、七段階の認定区分のうち要介護度が最も軽い区分の人で、要支援2はその次に軽度の人だ。予防給付には運動機能の向上などとともに、ホームヘルパーによる掃除や買い物といった家事サービスがある。

こうした「身の回りの世話」に保険を使うことに対し、厚労省は要支援を介護保険制度の枠外に出すことも含め、虎視眈々と見直す機会を狙っていた。「ヘルパーを家政婦代わりにしている」との批判を受けてのことだ。そして打ち出してきたのが、予防給付のうち、訪問介護（買い物などのホームヘルプサービス）と通所介護（デイサービス）を、二〇一五年度から三年かけて市区町村の事業に移す方針だった。当初は訪問看護や入浴介護なども含め、予防給付を一括して市区町村に移管する考えだったものの、専門的な技能を要するサービスだけに、議論していた社会保障審議会介護保険部会で異論が噴き出し、訪問介護と通所介護のみを移す案へと修正した。

予防給付は全国一律のサービスだった。それが移管後は市区町村が独自にサービス内容を決め、その単価を設定できるようになった。ただし、国が定める価格を上限とするため、財政事情の苦しい自治体はその上限額を下回る価格に抑える可能性がある。予防給付同様、介護保険からの財源も使うとあって、費用の伸びには枠もはめられている。また、財政難の自治体が少ない費用でも賄えるよう、各サービスには介護職ではないボランティアなども活用できる。厚労省は「市区町村の自由度が高まり、サービスが多様化する」と自賛するが、財政の苦しい自治体による「給付削減の自由化」が先行しかねない。

「このままどうなってしまうのか、不安で不安で仕方ないんです」。東京都でひとり暮らしをする要支援2の女性（七八歳）は、ラジオから流れる医療・介護総合確保推進法成立のニュースを暗い気持ちで聞いていた。

厚労省が自治体へ移管するサービスは、家事代行やデイサービスセンターでの食事、入浴など。週三回、自宅にヘルパーを迎え、身の回りの世話をしてもらっている女性にとって、サービスの事業主体が地元の自治体に移ることは深刻だ。女性は数年前に脳梗塞で倒れ、いまも右半身にマヒが残る。再び自分で包丁を扱えるようになったのは、毎回ヘルパーが丁寧に手を添え、手伝ってくれたことがリハビリになったからだと考えている。

それなのに、これからは女性のもとには専門職ではない介護ボランティアが訪れるようになるかもしれない。女性はかつて、介護ボランティアの人がワックスをかけた床で足を滑らせ、怪我をしたことがある。「やはり専門職の人に支えてほしい」。女性はそう訴える。

横浜市の訪問介護事業者は、ボランティアによる介護に警鐘を鳴らす。専門職の場合、自宅を訪れ、冷蔵庫をチェックした際に同じものをいくつも買っていたりすれば、すぐに認知症を疑う。担当者は「こうしたちょっとしたことがボランティアではなかなか難しい。専門知識が必要になる場面はいろんなところで出てくる」と話す。

予防給付の見直しは、二〇一二年度に市区町村の地域支援事業に新設された介護予防・日常生活支援総合事業を下敷きにしている。地域の実情に合った形で、要支援の人や、要介護認定一歩手前の人に配食や見守りといったサービスを提供するものだ。導入の有無は市区町村に委ねられ、市区町村は資格のないボランティアも介護の担い手とすることができる。

だが、肝心の担い手が足りず、二〇一三年度時点で導入しているのは全国で四四市区町村にすぎない。このまま予防給付が市区町村に移管されても、自治体は対応可能なのかという懸念は解消されていない。財政が厳しかったり、ボランティアなどの担い手がいなかったりする自治体であれば、サービス低下に直結する。全国一律の介護保険サービスの一部を市区町村事業に移すことで、住む地域によってサービス内容に大きな格差が生じかねない。

国が一律に実施する介護サービスの給付なら、財源が足りない市区町村は、補正予算を組んででも対応する必要がある。しかし、地域独自の事業となれば予算の範囲内にとどめるところも出てくるだろう。山口県市長会は新制度導入前、厚労省に「サービスの低下や市町村の財政負担が危惧される」と申し入れている。同県内のある市の担当者は「地域によってはボランティアの確保すら難しい」と漏らす。

厚労省は予防給付の一部移管について「自治体が地域の実情に応じ、主体的に取り組めるようになる」と説明し、財源が引きつづき介護保険から出されることを理由に「サービスも低下しない」という。とはいえ、毎年五〜六％増えている予防給付費の伸び率を、各市区町村に居住する七五歳以上の人口増加率（三〜四％）以下に抑える「総量規制」を導入する。最大の目的が介護費用の抑制にあることは疑う余地がない。ただし、二〇一一年度時点で予防給付にかかった費用は約四五〇〇億円。介護費用全体の五・七％にすぎず、市区町村事業への移管による財政効果は極めて小さいというのが実情だ。

予防給付の地方移管によるサービス低下は、サービス提供業者の側も予想している。デイサービスを全国で手がける東京都内の会社社長は、「いまの形のサービスは無理になるだろう」と明かす。現在、入浴サービスの利用者の三割は要支援1〜2の人だが、移管後は要支援向けサービスの単価をいまの公定価格より下げる市区町村が多いとみている。サービス提供は単価の高い重度の人に振り向け、結果的に要支援の人は断らざるを得なくなる、という。社長は「国は介護の費用を下げたいのだろうが、生活援助がなくなれば早く要介護になる人が増え、かえって介護保険の財政を圧迫するのではないか」と懸念している。

自己負担増の構造

介護保険の自己負担割合は、制度創設の二〇〇〇年度以降、一律一割に据え置かれてきた。医療費の自己負担割合が所得に応じて一～三割となっていることに対し、「バランスを欠く」との批判はあった。そこで国が出した答えが、初の自己負担割合アップだった。一定以上の所得がある人を対象に、二〇一五年八月から介護保険の自己負担割合を二割に引き上げた。

ただし、公的医療保険との整合性を考慮したとはいえ、医療で「高所得者」とみなされ、三割の自己負担をする高齢者は、年金収入で年間三八三万円以上ある人（単身者の場合）に限られる。その点、介護保険の自己負担が二割となった「高所得」の高齢者は、年金収入二八〇万円以上の人（単身者の場合）だ。高齢者の所得上位二〇％の人に該当し、医療保険よりも、所得が高いとみなされる対象者が幅広い。この点に関し、厚生労働省は「負担に差を設ける理由が医療保険とは異なるため、医療とそろえる必要はない」と説明している。医療保険の自己負担に差を設けているのは、「高齢者と現役世代という異なる世代間のバランスを図るのが目的」であるのに対し、介護は「高齢世代内での公平性を保つことを目指している」という。

医療に比べると、介護は利用が長期にわたる。しかも要介護度別に給付限度額が設けられ、限度額を超えて利用すれば、超過分はすべて自己負担となる仕組みだ。高額療養費制度によって、ひと月にかかる自己負担の上限額が設定され、限度額を超えた分は支払わなくていい医療とは違う。介護保険の自己負担を「医療とのバランスを図る」という理由で引き上げたことに対しては、「介護保険の利用を我慢する人が増えるおそれがある。介護の自己負担を医療と同じものとして捉えるべきではない」との批判は根強くある。

介護施設入所者のうち、住民税非課税世帯の人には、食費・居住費（家賃相当）に税金で補助が出されてきた。「補足給付」と呼ばれるもので、標準的な補助額は月二万二〇〇〇円～六万八〇〇〇円。対象者は約一〇三万人で、支給総額は二八四四億円（二〇一一年度）となっていた。

医療・介護総合確保推進法により、二〇一五年八月からはこの補足給付も切り込まれはじめた。かつての支給対象は住民税非課税世帯の「低所得者」だったが、月々の収入は低くとも相当額の預貯金を持っている人は支給対象から外されたのだ。具体的には、貯金だけでなく土地などの資産も考慮したうえで、単身者は一〇〇〇万円超、夫婦で二〇〇〇万円超程度の預貯金があれば、補足給付が打ち切られるようになった。

それでも、預貯金などの保有資産を自治体が把握するのは容易ではない。金融機関は情報提供に必ずしも協力的ではないためだ。そうしたこともあり、当面、市区町村は、補足給付受給者の預貯金を「自己申告制」で把握することになった。正直に申告した人とそうでない人の間に新たな不公平を生む可能性があり、自治体の担当者は頭を悩ませている。

従来の高齢者福祉は税で行われる措置制度、いわば「施し」だった。介護保険のキモは、加入者が制度（国）との契約に基づき、サービスを使う「権利」を得るようになったことにある。ところが、今回の制度見直しの中には、国が契約で約束していた内容を一方的に破棄するものが並ぶ。保険料を払った見返りに約束されていた給付を受けるという権利をはく奪するに等しい。

予防給付の一部を市区町村に移す事業はその最たるものだ。これまで予防給付を受けていた人たちが引きつづき保険料を払うにもかかわらず、通所介護や家事援助など、国が保障していた全国一律のサービスを受けられなくなるからである。また、特別養護老人ホームの入所者を原則要介護度3以上の人に限定する方針も、「要介護者であれば入所の権利を認める」というこれまでの約束事を一方的に反古にするものといえる。

朝令暮改の福祉施策で

高齢者用の長期入院施設、介護型療養病床の廃止に続き、二〇一四年度はまたひとつ、医療・介護施設をめぐる朝令暮改が繰り返された。二〇〇六年度に導入したばかりの重症患者向け入院ベッド「7対1病床」（約三六万床）を二五％減らす方針に転じたことだ。

7対1とは「患者7人に看護師1人」を置く病院のことを指す。看護師の配置が最も手厚いだけに、基本の入院費は一日一万五九一〇円（二〇一四年度診療報酬改定時）と、最高ランクに設定されている。最低ランクの15対1（九六〇〇円）の一・五倍以上ある。

7対1のもともとの狙いは、看護師を手厚く配置し、高度な医療を集中的に施すことで入院日数を短縮することにあった。患者の自己負担を除く医療費（二〇一四年度は約三七兆円）は、団塊の世代が全員七五歳以上となる二〇二五年には五四兆円に達すると見込まれている。手厚い看護で入院日数を縮め、医療費を抑制することを目指していた。

ところが厚労省の意に反し、増収を当て込んだ多くの病院が7対1に飛びついた。高度な医療には対応できない設備の乏しい病院も、看護師の頭数を無理やりそろえ、手を挙げた。その結果、初年度の二〇〇六年度に四万床だった7対1は、みるみる九倍の三六万床と全病床の四割を占めるまでに膨らんだ。都市部を中心に危機的な看護師不足を招き、病院間では看護師の争奪戦にまで発展した。一方で、高度な治療を要する患者は三六万人もいない。病院は、増えたベッドを埋めるために軽症患者も入院させて手厚い看護をし、結果的に医療費の膨張を招いた。これを受け、厚労省は二〇一四年度の診療報酬改定で7対1の料金を受け取ることができる病院の資格要件を厳しくし、二年間で7対1を二五％（九万床）削減する方針を打ち出した。

一〇年足らずで方針が大きく変わった7対1病床をめぐる国の右往左往ぶりは、介護保険ができた二〇〇〇年度に整備された高齢者向けの長期入院施設「療養病床」の変遷を想起させる。

療養病床は通常の病院に比べ、患者一人当たりの面積が広いことが売りだった。介護保険で賄う「介護型」と医療保険の「医療型」の二通りだが、両者の実態に差はない。導入の建前は「質の高い入院生活」。ただし、本音は7対1の導入同様、医療費の抑制にあった。国は「高度な医療はいらないので、医師や看護師が少なくて済む」と病院に療養病床への移行を勧め、多くの病院は国に背中を押されるように療養病床を整備した。

ところが、全国で療養病床が三八万床（介護型一三万床、医療型二五万床）に増え、医療費を圧迫し始めると、厚労省は手のひらを返した。療養病床の入院費を極端に減らしたあげく、二〇〇六年度、唐突に介護型を全廃し、医療型を一五万床まで減らす方針を示したのだ。ある関東の病院は、厚労省の勧めに従って約六〇床の介護型療養病床を整備したにもかかわらず、採算が取れなくなって病棟閉鎖に追い込まれた。院長は「厚労省は患者の行き場すら確保せず、介護費用削減ありきで廃止に舵を切った。国に振り回されるのは常に患者とわれわれ医療機関だ」と憤りを隠さない。

療養病床削減の際、厚労省が「受け皿」の整備を怠った結果、療養病床は思う通りに減っていない。介護型の全廃も先送りされている。7対1の削減にあたり、同じ轍を踏まないよう同省は病床の総数を大幅に減らすことは考えていない。コストがかさむ7対1を減らした分に見合うだけ、それほど高度な医療が必要でない人、自宅で療養中に体調を崩した人たちが入る病床を増やすことにしている。介護との連携を意識した在宅医療へのシフトであり、そうした対応を期待して国が二〇一四年度に新設したのが「地域包括ケア病棟」だ。

とはいえ、地域包括ケア病棟への移行はそう簡単ではない。早期退院に向けたリハビリを重視することなどが条件となっており、専任スタッフの配置が欠かせない。退院した患者の七割以上が他の病院に転院せず、直接自宅に戻ること、といった条件も課される。7対1病棟のままでは生き残れないと考える東京都大田区の病院長は、「在宅へのシフトしかないと思う」としながらも「簡単に移行できない病院も多いはずだ」と指摘する。

7対1病床が国の想定通り削減されたとすると、二〇二五年に必要な病院勤務の看護師は二〇一〇年より約一四万人少なくなる。現在、在宅医療を支える訪問看護師は約三万人だが、こちらは一七万人が必要になる見通しだ。この不足分を埋め合わせるには、計算上、7対1病床からリストラされる一四万人の看護師が全員訪問看護に移らねばならないことになる。これは看護師のみならず医師も同様で、彼ら、彼女らが病院勤務から在宅に移行しない限り、国の方針は空文にすぎなくなる。

7対1を算定する病院のうち、地域包括ケア病棟に移転することを検討しているのは、いまのところ少数派のようだ。多くは7対1のままでの生き残りを模索しており、同ケア病棟の広がりは見通せない。日本の年間死亡者は約一二〇万人。住宅事情の厳しさもあって自宅で死ぬことはなかなか叶わず、いまは死者の八割が病院で死んでいる。それが二〇年後、高齢化によって死亡者数は一六〇万人台に達するようになり、病院で死ぬことさえ難しくなる時代が訪れる。7対1

など重症患者向けの病院を退院させられた人や自宅療養中に体調を崩した人たちの入る施設が足りず、大都市圏を中心に「看取りの場」のない人々が続出しかねない。

こうした状況をにらみ、厚労省は地域包括ケア病棟の整備とともに、看取られる場のない人への対応として、介護型療養病床の全廃方針を事実上撤回する意向を固めている。廃止を掲げた国の側からはいいだしづらいため、都道府県に医療計画を策定させるなかで、知事に「療養病床は必要だ」との声を上げさせる腹づもりだ。「療養病床」の名前こそ変えるものの、機能は療養病床と大差ない介護型の施設を新設する方向で動いている。

介護施設の「医療難民」

「改定後の介護報酬では、事業として成り立たなくなります。結果的に患者様を放り出すことになるのは大変申し訳ないのですが、四月以降、訪問診療から撤退させていただきます」

二〇一四年二月末、全国数十カ所で有料老人ホームを経営する東京の業者の元に、関西の医療法人からそんな通知が届いた。訪問診療を受けている計四〇〇人近い入居者は平均年齢が八〇歳を超え、認知症で通院できない人も多い。背に腹を代えられないこの老人ホームは、つてを頼ってなんとか別の医師を確保したが、こうした介護施設からの訪問医撤退は全国各地で相次いでいる。

撤退の理由は、医師が受け取る診療報酬のうち、二〇一四年四月から介護施設などを訪れて診療する場合の報酬が最大七五％カットされたことにある。報酬カットのもともとの狙いは、集合住宅の入居者をまとめて医療機関にあっせんする「患者紹介ビジネス」を一掃することにあった。だが、まじめに訪問診療に取り組んでいた医師たちまで採算が取れなくなり、やむなく撤退せざるを得なくなっている医療機関が急増している。撤退から踏みとどまった医療機関も、減収をなるべく抑えるための防衛策に追われている。同じ日に同じ建物に入居する複数の患者を診た場合の報酬が減額されることを逆手に取り、「同じ施設では一日一人しか診療せず、連日同じ施設を訪れ、複数の患者を診療する」という手段に出ている医療機関は多い。

医療側の都合による診療形態の変更は、介護施設にも影響を及ぼしている。

横浜市のある老人ホームは、それまで医師の訪問診療を月に二回受け入れ、毎回二〇人前後が診療を受けていた。ところが二〇一四年四月からは、医師は一日に一人だけを診る代わりにほぼ毎日来るようになった。ホーム側は毎日医師を受け入れる態勢を整えねばならず、人員の配置に追われている。そのあおりで、風呂に入れなかったり、散歩に出かけられなかったりする入居者が出てきているという。また別の施設では、ほぼ毎日、医師が訪れる前に介護職員が入居者の血圧や体温を測っておかねばならなくなった。病院側が訪問診療にかかる経費を絞り込み、医師に看護師を同行させなくなったためだ。

もちろん、訪問診療費の減額を前向きに受け止めている医師はいる。介護施設での診療が「一日一人」となったことに伴い、丁寧な診察ができるようになったという。それでも減収への不安を訴える医師は少なくない。大阪府保険医協会が新たな診療報酬体系になって一カ月後の二〇一四年五月に実施した緊急調査で、今後も集合住宅への訪問診療を続けるかどうかを尋ねたところ、「継続する」は三四・五％と三分の一にとどまった。一方、「一年後は分からない」は三〇・三％、「体制縮小」は八・八％だった。

厚生労働省は「訪問医が撤退した介護施設は、代わりの医療機関を見つけており、医療を受けられなくなった高齢者はいない」と説明している。それでも、「新規の訪問医療の依頼はすべて断っている」（神奈川県の病院）という医療機関は少なくない。

そもそも在宅医療の旗を掲げ、訪問診療の推進に力を入れてきたのは厚労省である。医療費がかさむ重症者向けの急性期病棟を減らす代わり、退院患者が自宅や介護施設でも療養できることを目指し、医師が自宅や施設に出向くように誘導してきた。二〇一四年度に削減された訪問診療費は、在宅医療推進の目玉として二〇一二年度の診療報酬改定で増額したばかりの項目だ。

増額から一転、二年での減額というネコの目行政ぶりに、訪問診療を手がける医師や受け入れ側の介護施設関係者は「厚労省は行き当たりばったりで、政策に一貫性が感じられない」と不満を漏らしている。変転を繰り返す国の医療・介護行政に振り回されるのは、常に患者や入居者、そして現場の職員たちだ。東京都で訪問診療を手がける医師は「使命感からまだ踏ん張っている。しかし、こんなことが何年も続くなら訪問診療から撤退する医師が相次ぎ、介護施設は『医療難民』だらけになってしまう」と危機感を露わにしている。

介護保険の「改悪」が続くなか、二〇一五年四月には、介護事業者に支払われる介護報酬が二・二七％削減された。財務省が特別養護老人ホーム（特養）を「儲けすぎている」と名指しで指摘し、報酬の大幅カットを求めたことが発端だった。

特養の平均利益率は八・七％。一般の中小企業の平均二・二％を大きく上回っており、一施設あたり約一億六〇〇〇万円を貯め込んでいる、というのが財務省のいい分。これに対し、厚労省は強く出ることができず、介護報酬の削減幅はあっさり二〇〇三年度改定のマイナス二・三％に続く過去二番目に大きい引き下げ率となった。特養の中には、非課税の恩恵を受け、大儲けしている業者がいることは否定できない。それでも、特養の経営者らでつくる全国老人福祉施設協議会は「施設の三割近くは赤字で、報酬の減額は死活問題」という。一五年度改定では、入居者の死期を看取っている特養は看取り加算の額が増えたものの、加算を受け取ることができる施設は限られている。東京都心のある特養の理事長は「看取りを強化するには個室を増やし、対応できる職員を育てなければいけない。不動産を中心に経費を考えると、看取り加算を取りに行くなんてことは現実的ではない」と漏らす。

それでも、特養の淘汰を進める方針は、政府が一貫して唱えてきた「地域包括ケアシステム」には整合している。特養などの箱もの施設の整備は抑え、在宅介護にシフトすることで、高齢者が住み慣れた地域で最期まで過ごせるようにするという構想だ。主眼は介護費を抑えることにある。その方向性が正しいか否かは別にして、特養の報酬カットがこうした中長期の政府方針に沿った介護報酬改定であったことは間違いない。

ところが、それから半年も経たぬうちに、安倍政権はまたも朝令暮改を繰り返した。経済成長を重視する経済政策「アベノミクス」の一環として「1億総活躍社会」をつくると表明し、柱の一つに「介護離職ゼロ」を掲げたことだ。

この構想は、安全保障法制の国会審議が山場を迎えていた二〇一五年の夏から、官邸内で着々と練られていた。安保法制の強行で政権への風当たりが強まっていたなか、国民の目をそらすため、軸足を「安保」から「経済・社会保障」に移す必要がある、と判断してのことだ。そこで経済産業省や財務省、官邸スタッフがひねり出した策の一つが「介護離職ゼロ」だった。

ただ、当初から「介護離職ゼロ」の名称だったわけではない。

「1億総活躍」は、成長戦略に力点が置かれている。このため、経済官庁ではない厚労省は、介護分野の対策を決めるメンバーからも外されていた。「社会保障を成長戦略に絡めようとすると、厚労省は抵抗勢力になる」という経産省（経済産業省）などの意向からだった。そして官邸は厚労省に意見を聞くことなく「特養待機者ゼロ」を公表しようとしていた。特養を大幅に増やし、介護が必要な高齢者を特養に入れて介護に携わる家族が仕事を辞めなくてもいいようにする、というものだ。

しかし、厚労省は途中でこの話を聞きつけ、「地域包括ケアシステムに逆行する」と青くなった。「特養待機者ゼロ」では在宅介護が進まないうえ、特養整備の財源すら明示されていない。特養の入居者については、二〇一五年度から介護の必要性が比較的高い「要介護3」以上の人に絞ったばかりでもある。焦った厚労省幹部は官邸に駆け込んで事情を説明し、ワーディングは土壇場で「介護離職ゼロ」に変更された。今後増やしていく施設も「特養」から「介護施設・在宅サービス」に書き換えられた。これなら「在宅介護サービスの充実」という従来方針で仕事を辞める人をゼロにする、と解釈することもできる。厚労省幹部は胸をなで下ろした。

とはいえ、従来から厚労省が予定していた介護施設・在宅サービスの追加整備量は三八万人分。需要に基づき、積み上げた数字だった。それが「1億総活躍」で「もっと増やせ」と尻をたたかれ、四四万人分まで増やしたものの、安倍首相は納得しない。加藤勝信官房副長官（当時／現一億総活躍担当相）は「四四万人の根拠は不明だ」と厚労省に数字を押し返し、その結果、最終的に「五〇万人分以上」へと膨らんだ。

ただ、この数字は実現可能性を十分検討することなく示されたものだった。「1億総活躍」では、保育の受け皿整備も「五〇万人分増」としており、介護と合わせると「一〇〇万人分増」となる。介護、保育とも入所者を増やす以上、職員も増やす必要がある。にもかかわらず、政府は賃金増など職員確保策にはほとんど触れていない。厚労省幹部の一人は「二〇一六年夏の参院選をにらんだ打ち上げ花火でしょう。『一〇〇万人分増』という見栄えのいい数字を欲しただけで、実現するかどうかは二の次だ」と漏らす。

足りない介護の担い手

二〇一四年五月、日本の自治体の半数に当たる八九六市区町村が、将来、消滅する可能性がある、というショッキングなレポートが公表された。まとめたのは、増田寛也元総務相が座長を務める有識者会議「日本創成会議」の人口減少問題検討分科会。名指しされた八九六市区町村は、このまま何も手を打たなければ二〇～三九歳の女性人口が今後三〇年間で五割以上減少するという。その結果、将来を担う子どもは激減、生まれた子どもも若いうちに大都市へと流出し、自治体としての機能を果たせなくなる可能性が強いという。増田は地方の「消滅」を懸念する一方で、「東京（大都市）では、介護が成り立たないという問題が起きる」と語る。

高度成長期、地方から都市部へとなだれ込んだ第一次ベビーブーム世代（団塊の世代、一九四七～一九四九年生まれ）も二〇二五年には全員が七五歳以上となる。若者が多く、高齢化問題とは縁の薄かった東京、大阪、名古屋の三大都市圏は、これから急激に高齢化が進む。

国立社会保障・人口問題研究所の推計によると、二〇二五年、七五歳以上の人は二〇一〇年より七七一万人増え、二一七八万人となる。総人口の一八％を占める数だ。東京は七五歳以上人口が二〇〇万人近くとなるほか、埼玉、千葉では二〇一〇年の二倍に膨らみ、医療や介護の需要が急増するとみられている。

二〇一〇年から二〇四〇年にかけての三〇年でみると、総人口は二〇九九万人減るにもかかわらず、七五歳以上人口は七七九万人増え、二一八六万人に達する。二〇一三年度時点ですら特別養護老人ホームへの入居待ちをしている人は約五二万人に上り、東京都だけでも四万三三八四人に及んでいる。二〇二五年以降、首都圏では介護をする人も介護施設も圧倒的に不足し、「介護難民」が続出しかねない、と指摘されている。

厚生労働省が在宅医療の普及に向けて旗を振り、いったん廃止を決めた介護型療養病床の形を変えて復活させようとしているのも、こうした介護難民の「受け皿」を整備する必要性に気づいたからだ。とはいえ、大都市圏は整備がまるで追いつかず、パンク寸前となっている。例えば「介護の二四時間巡回サービス」。大都市での普及を目指し、二〇一二年度に鳴り物入りで導入されたものの、二〇一四年三月時点でまだ一九六自治体でしか導入されていない。深夜、早朝を問わない仕事だけに負担が大きく、多くの自治体が担い手を見つけられずにいる。

介護の人材が不足する要因として、仕事がハードな割に賃金が低いことが挙げられる。介護職員は全国に約一五〇万人いるが、厚労省は、二〇二五年には約一〇〇万人分の人手が足りなくなると推計している。

二〇〇九年度、当時与党だった民主党は介護の「人材確保」を掲げ、二〇〇〇年度の介護保険制度創設以来、初めて介護報酬を引き上げた（三%増）。これにより、介護職員の賃金は月額平均で約九〇〇〇円増えたという。さらに二〇一一年度は介護施設経営者への交付金に四〇〇〇億円を充て、翌年度も介護報酬から賃上げ分を捻出した。こうした官主導の対策によって、介護職員の賃金は計算上、二〇〇八年度より計三万円増えた形となっている。

しかし、介護施設経営者らに「人件費」として渡された介護報酬や税金が、そっくり職員の賃金に回っているとは限らない。報酬をどう使うかは、一定程度、経営者の裁量に委ねられているからだ。全国労働組合総連合が二〇一三年一〇月に実施したアンケート調査によると、正規雇用の介護労働者の平均賃金（手当除く）は月額二〇万七七九五円。厚生労働省調査の全産業平均二九万五七〇〇円を依然として約九万円下回っている。こうしたことも影響し、二〇一一年～一二年の介護職の離職率（全産業平均一四・八％）は一七・〇％と高くなっている。

東京都内の男性（三五歳）は二〇一三年暮れ、七年間務めた介護福祉士を辞め、故郷の九州に戻った。友人の経営する工務店でアルバイトをしながら、年金頼みの両親とともに実家で暮らしている。介護福祉士を辞めたのは、将来の展望が持てず、このまま続けていくことに強い不安を持ったからだ。七年間勤めても給与は月額二〇万円に満たず、初任給から一万円ほどしかアップしていない。これでは結婚したくてもできない。高校卒業後、専門学校でともに学んだ約一〇〇人の同期のうち、すでに七～八割は介護職から離れた。男性は「仕事がイヤで辞めたんじゃない。せっかくスキルも身につけたのだから、きちんと処遇されるのであればまた元の仕事に戻りたい」と話す。

日本企業の賃金制度は、男性が一家の稼ぎ手となって家族を養うことを前提として設計されてきた。多くの女性は稼ぎ手である正社員の男性と結婚し、夫に養ってもらう代償として、家族のケア労働を引き受けるというのが世帯のモデルだ。そうしたケア労働は「無償のサービス」と位置づけられ、社会的評価も低かった。

介護に携わるホームヘルパーは一九六三年制定の老人福祉法に基づき、「家庭奉仕員派遣事業」として認定された。とはいえ家庭奉仕員に資格要件はなく、「家事や介護の経験と熱意」が求められただけだった。家庭の主婦の就業を想定したものに他ならず、専門性は重視されていなかった。このことが長く尾を引き、介護の仕事は専門化が進んで高い技術が求められるものとなったにもかかわらず、依然、ヘルパーへの社会的評価は低いままだ。介護職の待遇改善がなかなか進まない要因の一つは、介護の仕事が、女性による家事労働の延長線上にあるものと位置づけられている点にある。

介護保険制度創設時、こうした問題点を見直そうという議論や、職員の賃金水準を底上げすべき、といった提起はあまりなかったという。背景には、営利法人の参入を認めていない医療保険と違い、介護保険には社会福祉法人やＮＰＯ（民間非営利団体）、株式会社も参入できるようにしたことがある。「民間活力の導入」は介護保険推進の柱だった。賃金は労使の契約で決まるもの、従って政府が介入するのはおかしい――とのムードがあり、なかなか積極的な議論にまでは結びつかなかったようだ。

制度発足後は介護職の想定外の人手不足に慌て、国による統制ともいえるような形の賃金加算措置などが導入された。しかし、いまなお「介護は本来、主婦が家庭でタダでやっていた仕事」

という誤った認識はぬぐい去られていない。介護職を家事労働と同一視する風潮を改め、専門性の高い仕事であるとの認識を広めない限り、介護職の賃上げは容易に進まないだろう。

政府は二〇一五年度の介護報酬改定で、報酬全体を二・二七％引き下げる一方、別枠で介護職員の給与を平均月一万二〇〇〇円アップする分は確保したと説明している。介護報酬換算で一・六五％分（公費ベースで計七八〇億円）といい、その分、介護事業者に支払う「処遇改善加算」を充実させた。従業員の賃金アップにのみ使うことが定められた加算である。

ただ、従来の処遇改善加算では、介護事業所は都道府県に出す計画書に取得する加算額を記せばよく、加算を使って月給は引き上げても、加算額以上にボーナスを減らすことで賃金総額をカットする事業所もあった。今回はこの抜け穴を防ぐため、事業所に加算を取る前と取った後の賃金総額を明記するよう義務づけ、都道府県が加算による賃上げ額を正確に把握できるようにした。

ただし、加算を得た事業所であっても、計画より収支が悪化して赤字となったところは賃下げを認める。また、加算は介護職にしか適用できない。介護施設には看護師や事務職もいる。東京都内の特養の理事長は「介護職だけ賃上げするわけにはいかず、事務職らの賃上げ分は持ち出しとなって、経営が圧迫される」と不満げだ。

二〇一五年八月～一〇月に全国労働組合総連合が実施した、三三〇〇人強の介護職員を対象とした調査によると、処遇改善加算の効果を「実感していない」という人は、「まったく感じない」(六二・二%)、「あまり感じない」(一八・七%)を合わせて八割に上った。「収入が増えた」のは六人に一人程度にすぎず、「政府が約束した待遇改善はまったく進んでいない」という全労連の見解は、大きくは外れていないだろう。

政府は介護職の賃上げがなかなか進まないなか、外国人を低賃金で雇い、手っ取り早く人手不足を解消しようとしている。法務省の有識者会議では、現行の外国人技能実習制度に「介護」などを加える案をまとめ、政府は二〇一四年の「骨太の方針」に、同制度の対象職種の拡大や、最長三年となっている在留期間を五年に延ばす方針を盛り込んだ。

そうはいっても、技能実習制度は途上国の人たちに技能や知識を身につけてもらうことを趣旨としている。人手不足の解消策として雇うのでは、当初の目的を大きく逸脱している。政府は「移民政策」とは一線を画し、一定期間滞在した外国人には出身国に帰ってもらうと強調しているが、日本に残りたいという人も多い。不法滞在が増えないという保証はない。また、期間を限定したとしても、いったん外国人を働き手として受け入れると、外国人抜きでは日本経済が回らなくなる可能性が高い。

人手不足解消策として、低賃金の外国人を大量に招くことが日本の人口減対策になる、というのは一面的な見方だ。安い賃金で働く外国人が多数いる限り、日本人の賃金が上がることはない。介護職は処遇が一層悪くなり、より不安定な仕事となるだろう。介護職に限らず、外国人を受け入れた職種の賃金は低迷し、結婚や子育てをためらう日本人が増える事態にも繋がる。そうすれば、さらに日本人の少子化を招くことになる。

世代を超えた連帯を

公助から自助への回帰――。二〇一二年末、三年余りの野党暮らしから政権与党に返り咲いた自民党は、選挙戦を通じ「自助」を前面に打ち出した。子ども手当などを創設した民主党政権を「バラマキ」と批判する戦略としての側面もあったとはいえ、安倍政権が民主党政権から引き継いでまとめあげた社会保障・税一体改革は、自助色が濃い内容となっている。一体改革の理念を記した「社会保障制度改革推進法」は、その目的に「受益と負担の均衡がとれた制度の確立」を掲げ、給付の抑制を基調としている。

実際、安倍首相は政権獲得後、すぐさま生活保護費のカットに踏み切った。また、株価重視の経済政策「アベノミクス」の失速を恐れ、その視線は常に投資家のほうを向いている。保険の利く治療と利かない治療を組み合わせる「混合診療」の拡充や、労働時間法制の規制緩和など、いずれも供給側に軸足を置き、自助を強める内容の政策を次々打ち上げている。

二〇一五年度からの介護保険制度改革では、一定以上の所得がある人の自己負担割合の二割への引き上げ、高額の預貯金を持つ人への補足給付打ち切りといった「金持ち狙い撃ち」が相次ぐ（一八七頁参照）。これは政府の有識者会議「社会保障制度改革国民会議」が、二〇一三年八月、安倍首相に提出した報告書に沿った方針だ。報告書は社会保障の負担を「年齢別」から「能力別」に改めることを謳い、現役世代だけでなく、一定の所得がある高齢者には応分の負担を求めることをメーンに据えている。

しかし、裕福だからといって、サービスを利用する際の負担まで引き上げることには根強い慎重論がある。

社会保険は支え合いの精神に基づく。そうである以上、いざという時に備えて払う保険料に関しては、高所得層ほど高い設計であるのはやむを得ない。だが、サービス利用時の負担にまで所得で大きな差をつけることには、もっと慎重であってもいいのではないか。

所得の高い人は、支え合いの理念を（不満はあっても）受け入れ、日頃から高い保険料を支払っている。それなのにいざ自分がサービスを使う段になり、保険料ばかりか利用料まで高いとなれば、高額の保険料など払う気が薄れてしまうだろう。やがて「共助」の輪に加わることに背を向け、「自助」の民間保険に関心を寄せるようになるのは明らかだ。目先の財政事情に追われ、取りやすい層から取ることばかりを続けていると、「国民皆保険」の存続に赤信号が灯る。それは介護だけにとどまらず、社会保障全般に通じる。

投資家や経済界の意に沿う安倍政権の一連の政策は「弱肉強食」で、所得格差を招くものが目立つ。厚生労働省の二〇一三年版国民生活基礎調査によると、経済的に普通の暮らしが難しい人の割合を示す「相対的貧困率」は一六・一％（二〇一二年）に達し、記録が残る一九八五年以降、過去最悪となった。一七歳以下の子どもに限っても一六・三％。実に子どもの六人に一人は貧困ということだ。雇用政策の規制緩和が進み、家計を支える人たちにも賃金水準の低い非正規雇用が増えていることが大きく影響している。

所得格差の広がりは是とする一方で、社会保障制度改革をめぐっては「世代間格差」の是正が強調されている。

内閣府が二〇一二年に公表した試算によると、税金や社会保険料などの生涯の負担総額と、社会保障の給付や教育などの受益の差額をみると、現在六〇歳以上の人は一億円近い「黒字」なのに対し、四〇代より下では若い世代ほど「赤字」が拡大し、将来世代は五〇〇〇万円超の持ち出しになるという。この試算が火付け役となり、「少子高齢化はこうした世代間格差を一層広げる、よって、高齢者への社会保障給付カットなどにより格差を是正していくことが不可欠」といった議論が浮上している。「自分の老後は自分で面倒を」という自助に誘導する論法でもある。

確かに、世代間格差が広がりすぎることには問題があるだろう。それでも、行きすぎた主張は、若者に高齢世代を敵対視する風潮を生み、社会を分断しかねない。

そもそも、こうした内閣府などの試算には問題点がある。例えば介護。介護保険のサービスを受けているのは高齢者でも、介護を受けている人の子どもたちは、親の世話から逃れられるという恩恵を受けている。介護を社会化したからこそであり、内閣府の試算にはそうした現役世代の負担軽減分は織り込まれていない。

年金もすぐに「損得論」で語られがちだ。内閣府が委嘱した有識者による試算（二〇一五年）によると、一九五〇年生まれ（六五歳）の人は生涯に保険料を一四三六万円支払うのに対し、受け取る年金は一九三八万円で、差し引き五〇二万円の得。一方、五〇代半ばより下の世代は負担のほうが多くなり、八五年生まれ（三〇歳）では七一二万円の「負担損」になるという。

しかし、年金の損得で世代間格差を議論することにどれほどの意味があるのか。介護保険同様、子が老いた親を私的に養っていた旧来のシステムに代え、現役世代が高齢世代を社会的に支えるようにしたものが年金である。仮に年金を廃止しても、今度は再び、子が自力で親を養わなくてはいけなくなるだけだ。年金などという制度がないなか、戦前・戦中世代は食うや食わずの暮らしをしながら老親に仕送りをしてきた。それがいま、「年金をもらいすぎ」と批判されている。

「格差」を口にする現役世代も、親から住宅購入の支援や手厚い教育を受けた人が少なくないはずだ。直接資産は受け取っていなくとも、道路や橋といった先行世代が築いた社会インフラの多くを利用しているだろう。年金だけを取り上げ、どの世代が得でどの世代が損などと論じるのはほとんど意味がない。

高齢者にも、そして現役世代にもそれぞれ「弱者」と「強者」がいる。にもかかわらず、高齢層をひとくくりに「得をしている」と捉え、攻撃する風潮はあまりに寂しい。世代間の対立を一方的に助長しても、なんの解決にもならない。必要なことは、年齢を問わず、支えが必要な人に対し、支えることのできる人が手を差し伸べる社会の構築だ。社会をいたずらに分断するのではなく、国民の間に世代を超えて連帯し、支え合っていく意識を取り戻すことが、いま、強く求められている。

巻末資料――最高裁判決についての見解

認知症の人の列車事故に関する最高裁判決に対する見解

平成２８年３月３日

公益社団法人　日本認知症グループホーム協会

業務執行理事会

1.　最高裁判決は認知症の人の尊厳のある生活を守る妥当な判決

平成 28 年 3 月 1 日の認知症の人の列車事故に関する最高裁判決は、認知症の人、その家族及び認知症の人の介護に携わる関係者にとって、大変意義のある判決であると考えます。損害賠償を求められた一審、二審からの逆転勝訴は、これまでと違って最高裁が在宅介護の実情を踏まえ、妻や長男の監督義務を否定した初めての判断となるからです。

当協会は、自らの思いを表出し難くなったり、認知機能や判断力が低下したりする認知症の人に対して、人としての尊厳が最大限に尊重され、住み慣れた地域や施設において、安心・安全な生活が最期まで保証されなければならないと考えています。その前提となる介護者の不安が軽減された判決の意味合いはとても大きいものがあります。

今回の最高裁の判決如何によっては、安全確保やリスク回避を理由に、外に出ないように鍵をかけたり、身体拘束をしたり、行動が制限されるなど、認知症の人の尊厳が損なわれ、BPSD（行動・心理症状）がさらに悪化することを大変危惧していました。今回の最高裁判決は、認知症の人の尊厳のある生活を守る、妥当な判決であると考えます。

2.　認知症の人を社会全体で見守る地域包括ケアシステムの構築

年々、増加する高齢者や認知症の人の国家戦略として推進する地域包括ケアシステムでは、「認知症の人の意思が尊重され、できる限り住み慣れた地域のよい環境で自分らしく暮らし続けることができる社会の実現」を目指しています。

認知症の人に対しては、認知症の人の家族だけで対応するのは不可能ですので、社会全体での安全対策や見守る仕組みを構築していかなければなりません。当協会としても、地域密着型サービスとして、地域連携拠点としての機能や認知症の人のセーフティネット構築を推進するなど、認知症の人が認知症とともによりよく生きていくことができる地域包括ケアシステムの構築の実現に一層努力します。

3.　認知症の人に対する社会的な補償制度の構築と法的な整備

認知症の人の行方不明者は年間で１万人以上にのぼり、認知症の人の事故はいまや社会的問題となっています。認知症の人の事故は、認知症の人を介護する者だけの問題ではなく、社会全体の問題としてとらえることが必要であり、認知症の人の事故に対する社会的な補償制度を早急に構築することが必要と考えます。

今回の判決では、監督義務を免れましたが、同居の有無、財産管理、認知症状の如何によっては判決が変わってくることが考えられ、さらなる法的整備が必要であると考えます。

平成 28 年 3 月 4 日

各　位

一般社団法人
日本介護支援専門員協会
会　長　　鷲見　よしみ

認知症列車事故訴訟の最高裁判決について

愛知県内で認知症の男性が外出中に列車にはねられ死亡した事故をめぐり、遺族がＪＲ東海から損害賠償を求められた訴訟で、このほど最高裁判所が賠償責任はないとする判決を言い渡しました。

今回の最高裁判決は、認知症高齢者がますます増えていくことが避けられない日本社会の現状から、認知症高齢者やその家族を社会から隔絶するのではなく、社会全体でともに生きていくことを司法が宣言したものだと思います。

判決では、認知症の人を介護する家族の民法上の監督責任について「同居する配偶者だからといって、直ちに当たるわけではない」「認知症の人との関係性や、介護の実態などを総合的に考慮して判断すべきだ」との基準を示しました。

一方、認知症の人への介護を家族がどれだけ努力していたかによって、今後も新たな賠償請求訴訟が起こされる余地を残していることも見逃せません。

認知症の高齢者がすでに 500 万人を超え、2025 年には 700 万人に達すると予測される中、認知症の人の事故をどのように防ぐのか、事故があった場合の損害をどう救済するのかといった社会的な仕組みづくりも必要です。

私たち介護支援専門員は、要介護高齢者やご家族を支援する専門職です。超高齢社会が進行するなか、地域包括ケアを担い、認知症をはじめとした要介護高齢者やご家族に寄り添い、適切なチームケアが提供される環境をつくることが求められています。

今回の最高裁判決は、これからの社会のあるべき方向性を示すとともに、私たち介護支援専門員の社会的役割を深く胸に刻む機会をいただいたものと考えます。

以上

家族と関係者に安心と元気を与えてくれた！

JR 列車事故　最高裁判決について

2016 年 3 月 4 日

公益社団法人　認知症の人と家族の会

「家族の会」が三度にわたり「見解」を発表し、家族（遺族）への損害賠償を求めないように訴えてきたJR 列車事故訴訟で、最高裁は 1 日、JR 東海が求めた妻と長男の監督責任を認めず、家族側には賠償の責任がないとする判決を言い渡しました。

この事故は、2007 年 12 月、愛知県で認知症の男性（当時 91、要介護 4）が、介護に当っていた妻らがほんの数分目を離した間に、1 人で外出して JR 駅構内の線路に入り、列車にはねられ死亡したものです。JR 東海は家族が監督義務を怠ったとして、振替輸送などの費用約 720 万円の支払いを求めました。一審の名古屋地裁は妻と長男に請求通りの支払いを命じ、二審の名古屋高裁は妻だけに約 360 万円の支払いを命じました。これに対して、JR 東海、家族側の双方が上告していたものです。

「家族の会」は一審判決後に、『認知症の人の徘徊は防ぎきれない　家族に責任を押し付けた一審判決は取り消すべき』との見解を発表し、弁護団から高裁裁判官に証拠書類として提出されました。また、二審判決に対しては、「時代錯誤」と批判し、さらに審理中の最高裁に向けては、『最高裁に期待する！　鉄道事故被害の社会的救済に道拓く判決』との見解を発表していました。

今回の判決は、妻が数分まどろんだことを介護の過失とした一、二審判決を否定し、「少なくとも普通に介護していれば、妻であっても長男であっても同居していても、賠償責任は問われない」という趣旨であると受け止めて高く評価します。また、「家族に責任を押し付ける判例を残しては全国の介護家族に申しわけない」と最高裁まで闘ってくれた家族に敬意を表します。家族側弁護団の尽力にも感謝します。この判決は、全国の家族と認知症介護に関わる人々に大きな安心と元気を与えてくれました。

今回の最高裁判決は、残念ながら、「鉄道事故被害の社会的救済に道拓く判決」にはなりませんでした。しかし判決を契機に、何らかの社会的対応が必要との声が高まっています。裁判を機に徘徊への社会的関心も高まりました。「家族の会」は、引き続き鉄道事故被害の社会的救済を求めていくとともに、認知症への理解を広めること、社会・地域で認知症への取り組みを進めること、本人・家族がつながり励まし合うことにいっそう積極的に取り組んでいきます。

おわりに

少子高齢化時代と同時に単身化の進む我が国は、うかうか歳もとれない。介護のある暮らしがごく普通になった。とはいえ、「好きなところで」といわれてもそうはいかず、当惑しながらの「うち」での介護が増えている。

がらんとした、家族のいない時代に「在宅介護」の到来である。

厚労省によれば、二〇一四年度に介護サービスか介護予防サービスを受けた人は、前年度比二二万二五〇〇人増の五八八万三〇〇〇人で過去最高。なかでも前者のサービス受給者数は四七〇万九六〇〇人で、このうち居宅サービスは三五九万八三〇〇人、施設サービスは一二〇万九五〇〇人、地域密着型サービスは五〇万九七〇〇人、居宅介護支援は三二六万七二〇〇人という（二〇一四年度介護給付費実態調査）。

「偶然の事故　親責任なし　最高裁判決　監督義務に限度」「監督義務訴訟　責任限定の流れ作る　個別事情を重視へ」（二〇一五年四月一〇日付毎日新聞）

子どもが起こした事故の責任を、親がどこまで負うかが争点となった訴訟の判決があった。「通常は危険が及ばないとみられる行為で偶然に事故を起こした場合は、具体的に事故が予見できるなど特段の事情がない限り責任は負わない」と判旨は語っている。本件は子どものことを親がの場合だが、では親のことを子どもがの場合はどうか。「監督義務」をめぐる名古屋の訴訟は逆の結果であった。

「管理責任」とは何か。社会的責任、病気、責任能力不問から、家族になんの「責任」を問えるのか。JR東海は、当事者に責任能力はないことを認めつつも、同遺族に「賠償責任」を求めている。同裁判では、認知症徘徊対策は家族だけでは限界があり、支えるのは地域全体でと捉えられるかどうかが試されていた。

「うんこ」「しっこ」「垂れ流し」「他人の世話」「寝たきり」だって、おおかたの人は自分だけはならないと思っている。いまが元気だから。さしずめ「迷惑をかけたくない」というのだ。「お互いさま」が疎ましい。無縁か無援か。貧困とは貧乏＋孤立だ。途方に暮れるも、やおら「助けて」といえないひとがいる。

断っておくが、本書は「在宅介護」を否定しているわけではない。「在宅介護」は要件がなければ、家族らが疲弊し、継続は難しいということだ。国はそつのない手立てを講じているようだが、当事者でないから実態には暗い。ひとも、ものも、金もないなかで「在宅」を強いられても元気も気概もない。

施策の実行は介護報酬で始まる。ある日、行政から介護事業者へ一枚のファックスが届く。「……ファックスですよ。とりつく島はありません。（介護）報酬を示されてはノーもいえませんから」。また、国は新しい試みを開始するとき、先行モデルをつくってやらせ、それに倣えとばかりに普遍化させようとする。「御用学者」ならぬ、御用自治体がある。介護に終わりはないが、在宅主義の二面性（「帰りたい」「帰したい」）は、さげすむようにこんなふうに進んでいく。

改めて、「在宅介護」の要件とは何か。

介護保険の限界性がみえているものの、さしずめ「介護の社会化」の履行に他ならない。「家族負担の軽減」を冠とした公的介護保険導入時の理念の一途な遂行である。端的にいえば「介護の社会化」だから、「家族依存を止めよ」である。一方で当該家族は、「在宅介護」において、孤立しない、孤立させないために次の「知恵袋」を持っていたい。

1　「家族の会」……認知症をはじめとした介護する「家族の会」が存在する。介護するうえでの悩み、相談ごと、情報の共有・提供から「悩むのは私だけでない」と認識できる。当事者に勝る情報はない。

2　身近な専門家……積極的に医療・福祉の専門職に尋ねる、相談する。専門職は数多くの事例を持つので参考となる助言を得られる。同時に専門的な知識、情報提供も。事例に学ぶ。繋がる。

3「外」に出る……なにより「とじこもらない」ことが肝要。知識、情報、技術はすべて「外」にある。客観的に自分をみられるときを。「外」に行ける条件づくりを（前記1並び2から）。

本文でも触れるように、介護保険給付の抑制は、当事者・家族らに落胆を与えた。二〇一五年四月からは、要支援者予防給付見直し（訪問介護・通所介護の制限）、利用料負担増（単身で年金収入のみ年間二八〇万円以上を「高額所得者」とみなし二割負担に）、特養入所者限定（要介護3以上）、補足給付要件厳格化（低所得者への一部補助制限）というから介護崩壊の危機といえる。介護保険料は上がり、消費税増税（「すべて社会保障に」）の公約違反が続く。

「父支える　最後まで　浜松の父娘孤立死」

記事は介護サービス制度の周知活用に課題があると指摘した（二〇一三年七月二八日付中日新聞）。

浜松市の民家で六月に孤立死した状態で父親八二歳とともに遺体で見つかった娘四四歳は、幼少時に母を亡くし、長らく父とのふたり暮らしだった。娘は幼い頃から掃除、洗濯、食事の支度をし、父が病に倒れたあとはひとりで介護を続けた。平屋の借家住まいで、近所とは挨拶程度の付き合いだった。

父は一〇年近く寝たきり状態で認知症もあったが、介護認定は受けていなかった。子どもと同居しているため、市の「見守り対象外」になっていた。

娘が心筋梗塞で五月下旬に急死、父は外部に連絡もできず熱中症で亡くなったとみられている。発見は六月初め。父は元中学教師、娘は短大を出て市内の自動車関連会社に就職したが、二六、七歳で退職。以来「うちにいた」という。

「お父さんがいるからなかなか結婚できない」と友に語ったとも。様子を案じて声をかける近所のひとにも「自分でみます」と返事をしたという。「周囲も生活状態を把握できなかった。無視しているわけではないが、すきまが生じた」（同市関係者）と新聞は伝える。

三〇年以上、娘はひとり気丈に父の介護をしていたことになる。


さて、冒頭の鉄道事故である。

裁判官も決して万能ではない。専門家からの意見やマスコミの反応などを入手し、検討材料に加えて判決に備えるのが常だ。そうした資料のひとつに宮島俊彦厚労省前老健局長の意見書があった。全容の紹介は大部のため、ここではその「おわりに」を引用してみよう（「意見書」名古屋高等裁判所第3民事部より）。

……本訴訟の原審判決は、認知症の人の家族に、認知症の人が独りで外出することを防止する法的義務を負わせたものであり、介護現場や、認知症の人とその家族に大きな衝撃を与えた。身体拘束が許されず、二四時間の一瞬の隙無く認知症の人を監視することが不可能である以上、認知症の人が独りで外出することを完全に防止することは不可能であり、また、単独での外出を防ぐべきとも考えられていない。認知症の人は、決して、何かをしでかすかわからない危険な存在ではなく、徘徊についても、当然に他者に危害を加えるおそれのある行動であるとは考えられていない。二〇〇三年の高齢者介護研究会報告が、日常生活における自由な自己決定の積み重ねこそが「尊厳ある生活」の基本であると述べているとおり、尊厳の保持のために重要なのは、自己決定である。認知症の人が、自らの意思で、外出したいときに外出できる環境は、尊厳の保持のためには必要なものである。これまで述べてきたように、我が国の認知症施策は、認知症の人が、住み慣れた自宅で尊厳のある暮らしを送れる社会を目指しており、そのために、認知症の人を地域社会全体でケアしていく体制作りが進められている。（略）原審判決は、単独での外出の完全な防止という、不適切かつ実行不可能な行為を認知症の人の家族に強いるものであると言わざるを得ない。かかる判決は、これまでに述べてきた認知症ケアの基本的な考え方、我が国の認知症施策に逆行するものであり、認知症の人に対する抑制と拘束、これによる身体機能の廃用が横行していた一九七〇年代まで、我が国の認知症ケアの仕組みを退行させかねないものである。二〇一三年一二月十一日に初めての「G8認知症サミット」がロンドンで開催されたことも明らかであるとおり、認知症の人への対応は、日本のみならず、多くの国において重要な課題となっている。欧州各国その他のいわゆる先進国では、認知症の人の尊厳を保持しつつ自立を支援するためのケアをすること（身体拘束が許容されないことはもちろん、二四時間一瞬の隙無く認知症の人を監視することなど求められていない）、BPSDが激しい等の事情がない限り、施設入所等ではなく、住み慣れた住居での生活を維持することができるようにすることの相当性が確認されており、これは世界的な潮流である。以上。


先頃、こんなことがあった。

大阪で八五歳の母が「介護に疲れた」と、重度の障害をもつ五四歳の長男の殺人容疑で逮捕された（二〇一五年三月一五日報道）。それによれば、夫は認知症で施設に入り、数年前から母と長男のふたり暮らし。自身も軽い脳梗塞を患っていた。母の孤立感が伝わってくる。

「疲れた。私が死んだら息子は生きていけない。いまのうちに天国へ連れていってあげたい」

抜き差しならない、共倒れ寸前だったか、ここでも「在宅介護」で最悪の事態を生んでいる。別にあてがうものはなかった。やむにやまれぬ窮状が伝わる。母も高齢だった。

「うっとり綻ぶ（ほころぶ）介護でいたい」

とは、あるベテランヘルパーの言葉だ。

その場しのぎではない。孤立させない、孤立しない「在宅介護」の実現への支援策が急がれる。

本書はチーム取材に依った。今回も多くの関係各位から取材へのご協力を頂いた。心より御礼を申し上げたい。

厳しい介護条件の下、今日も懸命に在宅で「介護する側」の家族や介護士各位へ応援歌を作りたい、との思いがとっかかりだった。

分担執筆のため、多様な意見の紹介と一部に重複に似た箇所があるものの、必要性に鑑みて「そのまま」とした。なおデータは取材時のものを踏襲している。

本書発行には再び『福祉労働』の編集担当・小林律子氏に依った。福祉事情に詳しい現代書館の同氏の助言がなかったら、本書は世に出なかった。編集を引き継いだ山本久美子氏とともに、記して御礼を申し上げたい。

二〇一六年三月十一日　東日本大震災から五年目の日に

山口道宏

編著者・著者・取材協力者一覧

［編著者］

山口道宏（やまぐち・みちひろ）…ジャーナリスト、星槎大学教授、NPO法人シニアテック研究所理事長、法政大学大原社会問題研究所嘱託研究員ほか。主著『老夫婦が独りになる時』（三省堂）、『東京で老いる』（毎日新聞社）、『老いを戦略するとき』（共編著、現代書館）、『男性ヘルパーという仕事』『申請主義の壁！』『無縁介護』（いずれも編著、現代書館）。

［著者］

池田裕子（いけだ・ゆうこ）…元新聞記者、介護福祉士。主著『男性ヘルパーという仕事』『申請主義の壁！』『無縁介護』（いずれも共著、現代書館）。

山村檀美（やまむら・まゆみ）…ライター、介護福祉士、居宅介護支援事業所責任者。主著『やっぱりあぶない、有料老人ホームの選び方』（NPO法人シニアテック研究所 編著、三五館）、『申請主義の壁！』『無縁介護』（ともに共著、現代書館）。

吉田啓志（よしだ・ひろし）…毎日新聞編集委員

［取材協力者］

石川由紀／藤原るか／シニア総研／NPO法人シニアテック研究所

介護《かいご》漂流《ひょうりゅう》
——認知症《にんちしょう》事故《じこ》と支《ささ》えきれない家族《かぞく》

二〇一六年四月二十日　第一版第一刷発行

編著者　山口道宏
発行者　菊地泰博
発行所　株式会社現代書館
東京都千代田区飯田橋三―二―五
郵便番号　102―0072
電　話　03（3221）1321
F A X　03（3262）5906
振　替　00120―3―83725

組　版　プロ・アート
印刷所　平河工業社（本文）
東光印刷所（カバー）
製本所　積信堂
装　幀　伊藤滋章

校正協力・高梨恵一

ISBN978-4-7684-3547-2
定価はカバーに表示してあります。乱丁・落丁本はおとりかえいたします。
http://www.gendaishokan.co.jp/

活字で利用できない方のための
テキストデータ請求券
『介護漂流』